Marlen Peseke

Flüchtlingsmigration in Deutschland: Herausforderung an die medizinische Versorgung

University of Applied Sciences
APOLLON
University Press

Marlen Peseke

Flüchtlingsmigration in Deutschland: Herausforderung an die medizinische Versorgung

APOLLON SCHRIFTENREIHE ZUR GESUNDHEITSWIRTSCHAFT

University of Applied Sciences
APOLLON
University Press

APOLLON SCHRIFTENREIHE ZUR GESUNDHEITSWIRTSCHAFT ▪ BAND 12

1. Auflage 2018

Werden Personenbezeichnungen aus Gründen der besseren Lesbarkeit nur in der männlichen oder weiblichen Form verwendet, so schließt dies das jeweils andere Geschlecht mit ein.

Projektmanagement und Lektorat: Marleen Janzen, Bremen
Korrektorat: Birgit Siekmann, Solingen
Layout, Satz: Marleen Janzen, Bremen
Umschlaggestaltung: Ilka Lange, Hückelhoven
Coverfoto: 123rf © Neculai Carmen; Maksym Yemelyanov
Printed in Germany

Bibliografische Information der Deutschen Nationalbibliothek
Die Deutschen Nationalbibliothek verzeichnet diese Publikation in der Deutschen Nationalbibliografie.
Detaillierte bibliografische Daten sind abrufbar unter:
http://dnb.d-nb.de

ISBN: 978-3-943001-33-4

www.apollon-hochschulverlag.de

Inhalt

Vorwort

Seit geraumer Zeit berichtet der *United Nations High Commissioner for Refugees* (UNHCR) von weltweit steigenden Flüchtlingszahlen. Weltweit sind 2015 mehr als 60 Mio. Menschen auf der Flucht gewesen, insbesondere verursacht durch Kriege und ethnische Auseinandersetzungen. Auch Deutschland ist Zielland für Flüchtende: im Jahr 2015 sind dabei mehr als eine Million Menschen nach Deutschland migriert. Zahlreiche Herausforderungen politischer, gesellschaftlicher und auch medizinischer sowie versorgungstechnischer Art sind mit dieser Situation im deutschen Gesundheitssystem entstanden.

Frau Peseke hat sich in dieser Publikation den medizinisch-versorgungstechnischen Herausforderungen im Kontext der Flüchtlingsthematik gewidmet, indem Sie – auf das Bundesland Hessen fokussierend – die Konsequenzen aus den rechtlichen Rahmenbedingungen der Gesundheitsversorgung und die resultierenden medizinischen und ökonomischen Folgen analysiert sowie einen Rahmen für eine adäquate Gesundheitsversorgung skizziert hat.

Zunächst beschreibt Frau Peseke sehr fokussiert die Verteilung der Flüchtlinge in Deutschland sowie die rechtlichen Rahmenbedingungen ihrer gesundheitlichen Versorgung. Auf dieser Basis analysiert sie die Gesundheitslage und leitet gesundheitswirtschaftliche Konsequenzen ab. Die u. a. daraus resultierenden Leistungsausgaben und Krankheitskosten werden adressiert, final werden die zentralen Erkenntnisse aggregiert.

Frau Peseke beleuchtet den Sachverhalt sehr substanziell, fokussiert eine relevante Problematik der Gesundheitsversorgung und entwirft einen ziel- und lösungsorientierten Handlungsrahmen.

Dabei ist der Transfer auf andere Bundesländer bzw. Stadtstaaten belastbar möglich, was insbesondere durch eine sorgsam gewählte und valide durchgeführte Untersuchungsmethode sowie strukturell sauber abgeleitete Ergebnisse ermöglicht wird.

Prof. Dr. Christian Franken
Vorstand DocMorris
Maastricht University

Einleitung

Das 21. Jahrhundert ist ebenso von einer Flüchtlingsära geprägt wie bereits schon das 20. Jahrhundert. Hatte es im Jahr 2004 noch den Anschein, als würden die Flüchtlingszahlen rückläufig sein,[1] so sind ca. zehn Jahre später, im Jahr 2015, mehr als 60 Mio. Menschen weltweit auf der Flucht.[2] Unter der *nur* 19,5 Mio. gewaltsam vertriebenen Weltbevölkerung befanden sich im Jahr 2004 ca. 9,5 Mio. Flüchtlinge sowie 838.000 Asylsuchende.[3] Im Jahr 2014 wuchs die Zahl der Menschen auf der Flucht um mehr als das Doppelte auf 19,5 Mio. Flüchtlinge sowie auf 1,8 Mio. Asylsuchende an.[4] Bereits in der Mitte des Jahres 2015 wurde die 20-Mio.-Grenze erreicht (20,2 Mio.).[5] Ende 2015 stieg die Zahl auf 21,3 Mio. Flüchtlinge an. Die Zahl der Asylsuchenden betrug 3,2 Mio. Menschen.[6] Ein weiterer Anstieg ist 2016 zu verzeichnen. Am Jahresende gab es 22,5 Mio. Flüchtlinge sowie 2,8 Mio. Asylsuchende.[7]

Als Ursachen für die dramatisch ansteigenden Flüchtlingszahlen sind verschiedene Gründe anzuführen. Diese reichen von zwischenstaatlichen Kriegen, militärischen Interventionen bis hin zu innerstaatlichen ethnischen oder anderen zivilen Konflikten. Die von Militär oder religiös geprägten Diktaturen sind gekennzeichnet durch Repressionen,[8] Folter und systematische Vertreibungen. Weitere Gründe sind verzweifelte Armut, Hunger, Umweltkatastrophen sowie fehlende Lebensperspektiven.[9]

In den Jahren seit 2014 löste die Arabische Republik Syrien das seit mehr als drei Dekaden bestehende Hauptflüchtlingsland Afghanistan ab.[10] Durch den dort vorherrschenden Krieg starben seit 2011 mehr als 250.000 Menschen und mehr als 12 Mio. befinden sich seitdem auf der Flucht[11] (4,2 Mio. allein in der ersten Jahreshälfte 2015).[12] Im Jahr 2015 sind aufgrund der gesamten Flüchtlingsbewegungen mehr als eine Million Flüchtlinge nach Deutschland gekommen.[13] Durch das Bundesamt für Migration und Flüchtlinge (BMAF) wurden im Jahr 2015 insgesamt 441.899 Erstanträge auf Asyl

---

[1] vgl. Düvell, 2011, S. 29
[2] vgl. UNHCR, 2015a
[3] vgl. UNHCR, 2004, S. 8
[4] vgl. UNHCR, 2014a, S. 2
[5] vgl. UNHCR, 2015a
[6] vgl. UNHCR, 2016, S. 2
[7] vgl. UNHCR, 2017a, S. 2
[8] vgl. Düvell, 2011, S. 30
[9] vgl. Gillen, 2016, S. 44
[10] vgl. UNHCR, 2015b, S. 4
[11] vgl. BAG, o. J.
[12] vgl. UNHCR, 2015b, S. 4
[13] vgl. StMAS Bayern, 2015

entgegengenommen. Allein von Flüchtlingen aus Syrien wurden 158.657 Anträge auf Asyl gestellt. Weitere Anträge wurden u. a. von Flüchtlingen aus Afghanistan (31.382), Irak (29.784), Albanien (53.805) sowie Eritrea (10.876) gestellt.[14] Werden Asylanträge genehmigt, bedeutet dies, dass der Flüchtling als Asylberechtigter eine Aufenthaltserlaubnis mit dreijähriger Gültigkeit bekommt und im Weiteren nach den drei Jahren ggf. eine unbefristete Niederlassungserlaubnis erhalten kann.[15] Ausgehend von der Genehmigungsquote der Asylanträge verbleibt eine sehr hohe Anzahl von Flüchtlingen aus Syrien, Afghanistan, dem Irak und Eritrea als Asylberechtigte in Deutschland, weshalb im Folgenden nur dieser Flüchtlingskreis betrachtet wird.[16]

Die Verteilung der Flüchtlinge innerhalb Deutschlands erfolgt nach dem sogenannten *Königsberger Schlüssel.* Das bedeutet, die Aufnahme von Flüchtlingen je Bundesland richtet sich nach den Steuereinnahmen (⅔ Anteil bei der Bewertung) und der Bevölkerungszahl (⅓ Anteil bei der Bewertung).[17] Die Verteilungsquote für das Land Hessen lag im Jahr 2015 bei 7,32 %.[18] Somit hat das Land Hessen, an dem diese Untersuchung exemplarisch erfolgt, im Jahr 2015 insgesamt 79.788 Flüchtlinge aufgenommen und untergebracht.[19]

Mit der Aufnahme von Flüchtlingen in dieser Größenordnung wird das deutsche Gesundheitssystem, insbesondere auch die gesundheitliche Versorgung im Land Hessen, vor eine große Herausforderung gestellt. So ist in kürzester Zeit eine medizinische Versorgung für die Flüchtlinge in den Erstaufnahmeeinrichtungen sowie später für die Asylberechtigten nach Unterbringung in den jeweiligen Kommunen sicherzustellen. Zum einen kommen die Flüchtlinge aus Ländern mit einer unzureichenden medizinischen Versorgung und zum anderen tragen die gesundheitlichen Belastungen und unzureichenden hygienischen Verhältnisse der Flucht zusätzlich zu diesen Herausforderungen bei.[20] Des Weiteren erhalten Asylberechtigte in den ersten 15 Monaten nur eine Notfallversorgung in Deutschland, in der die Behandlung auf akute Beschwerden sowie Schmerzzustände beschränkt ist.[21]

Damit langfristige Gesundheitsschäden und Folgeerkrankungen von Asylberechtigten abgewendet und so eine dadurch bedingte immense Kostensteigerung der Gesundheitsausgaben vermieden werden kann, sind verschiedene

---

[14] vgl. BAMF, 2015a, S. 2
[15] vgl. BAMF, 2016c
[16] vgl. BAMF, 2015a, S. 2
[17] vgl. BAMF, o. J.b.
[18] vgl. BAMF, 2016a, S. 16
[19] vgl. Land Hessen, 2016b, S. 6
[20] vgl. Leopoldina, 2015, S. 1
[21] vgl. BBMFI, 2014, S. 151

Maßnahmen in der ärztlichen Versorgung zu etablieren. Anzuführen ist beispielsweise ein frühzeitiger Impfschutz in den Erstaufnahmeeinrichtungen, um Ausbrüche von Infektionskrankheiten zu verhindern.[22] Weiterhin sind alle (chronischen) Erkrankungen von Beginn an in einem angemessenen Umfang zu versorgen, um Verschlimmerungen des Gesundheitszustands sowie das Auftreten von Komorbiditäten zu verhindern.[23]

Mit der vorliegenden Untersuchung wird eine Darstellung der Gesundheitsversorgung nach § 62 Asylgesetz (AsylG), nach § 4 Abs. 1 und 2 Asylbewerberleistungsgesetz (AsylbLG) sowie nach § 2 Abs. 1 AsylbLG vorgenommen und daraus die aktuellen sowie zukünftigen gesundheitlichen und finanziellen Herausforderungen exemplarisch für das hessische Gesundheitssystem abgeleitet. Ausgehend von der Fragestellung

Wie können langfristige Gesundheitsschäden und Folgeerkrankungen von Asylbewerbern/Asylberechtigten abgewendet und eine dadurch bedingte immense Kostensteigerung der Gesundheitsausgaben vermieden werden?

wird eine Handlungsempfehlung erarbeitet, die Erfolg versprechend erscheint, der Herausforderung der gesundheitlichen Versorgung der nach Deutschland kommenden Flüchtlinge gewachsen zu sein.

Für die Analyse wird auf differenziertes Datenmaterial zurückgegriffen. Neben Monografien und Sammelbänden werden verschiedene wissenschaftliche Datenbanken für die Literaturrecherche genutzt, wie etwa Livivo (ehemalig Medpilot) und Research Gate, das Bundesgesundheitsblatt, Springer Link und WISO. Statistische Datenabfragen erfolgen u. a. über das Statistische Bundesamt (StBa) oder das Hessische Statistische Landesamt. Weiterhin werden die Websites der Weltgesundheitsorganisation (WHO), des UNHCR, des Bundesamts für Migration und Flüchtlinge und des Robert Koch-Instituts (RKI) sowie des Landes Hessen für Informationen zur aktuellen Lage und dem Gesundheitszustand der Flüchtlinge herangezogen. Unter den Suchworten *Flüchtlinge*, *Asylbewerber*, *Gesundheit(-szustand)* und *medizinische Versorgung* in einzelner Verwendung, aber auch in Kombination, werden dort nach Veröffentlichungen der letzten fünf Jahre und ggf. älter gesucht. Gleichzeitig werden englischsprachige Datenbanken mit den Suchworten *Refugee* und *Asylum Seekers* durchsucht, entweder einzeln oder in Kombination mit dem Suchwort

[22] vgl. RKI, 2015b, S. 439
[23] vgl. Leopoldina, 2015, S. 2

Health. Über fünf Jahre alte Literatur wird verwendet, wenn nähere Erläuterungen zu Begrifflichkeiten gegeben werden müssen oder diese für die Ausarbeitung unabdingbar sind. Es werden jedoch nur die Quellen für die Ausarbeitung herangezogen, die einer schlüssigen Argumentationskette dienen.

Anschließend folgt eine systematische Literaturanalyse. Hierbei werden wissenschaftliche Texte gesichtet und die wesentlichen Aussagen gesammelt, verglichen und bewertet. Neben der Darstellung der gesundheitlichen Lage der Asylberechtigten werden zudem die Leistungsausgaben für die medizinische Versorgung zwischen Asylberechtigten, die weniger bzw. mehr als 15 Monate in Hessen leben, differenziert voneinander bestimmt und eine Prognose für die zukünftig zu erwartende Ausgabenentwicklung abgegeben. Als Ausgangsbasis hierfür dienen die Leistungsausgaben des Landes Hessen nach § 62 AsylG, §§ 2 und 4 Abs. 1, 2 und § 6 AsylbLG sowie die durch das Statistische Bundesamt ermittelten Krankheitskosten je Krankheitsbild. Für die Erfassung des Gesundheitsstatus der Personengruppen aus den hier untersuchten Ländern Syrien, Afghanistan, dem Irak und Eritrea werden die Statistiken der WHO herangezogen. Auf dieser Basis können die entstehenden Krankheitskosten berechnet werden.

Zusätzlich wird eine SWOT-Analyse durchgeführt.[24] Sie dient dazu, die Stärken und Schwächen sowie die Chancen und Risiken des Zugangs zur medizinischen Versorgung sowie des weiteren Einsatzes eines Behandlungsscheins für die Leistungsinanspruchnahme von Asylberechtigten nach § 4 Abs. 1, 2 sowie § 6 AsylbLG im Vergleich zu denjenigen der Nutzung einer elektronischen Gesundheitskarte (eGK) darzustellen. Hierbei werden Argumente für die Seiten aller Beteiligten berücksichtigt, wie die der Asylberechtigten, der Kostenträger und auch anderer Stakeholder (z. B. der Politik). Auf dieser Basis kann festgestellt werden, auf welche Art und Weise eine bessere gesundheitliche Versorgung der Asylberechtigten erfolgen kann, auch unter Berücksichtigung von Kostenaspekten. In diese Betrachtung werden zusätzlich die Gesundheitslage sowie die Gesundheitsrisiken der Asylberechtigten, aber auch die Hindernisse aufgrund von Sprache und unterschiedlichen Kulturen mit einbezogen.

Ausgehend von dieser SWOT-Analyse und deren weiteren Betrachtung werden Maßnahmen abgeleitet, welche in der gesundheitlichen Versorgung zu etablieren sind, um langfristige Gesundheitsschäden und Folgeerkrankungen

[24] Die SWOT-Analyse (Strengths, Weaknesses, Opportunitites, Threats = Stärken, Schwächen, Chancen, Risiken) ist ein Strategieinstrument und dient der Gewinnung von Hinweisen zur Ableitung von strategischen Stoßrichtungen (vgl. Meffert et al., 2015, S. 133).

von Asylberechtigten abzuwenden und eine dadurch bedingte immense Kostensteigerung der Gesundheitsausgaben zu vermeiden.

In Kapitel 1 wird zunächst die Datengrundlage vorgestellt, die das Fundament der Ausarbeitung bildet, und anschließend das methodische Vorgehen erläutert. Die Kapitel 1–5 bilden den theoretischen Teil der Publikation. Hierzu wird zunächst in Kapitel 1.1 eine Differenzierung zwischen den Personengruppen der Flüchtlinge, der Asylbewerber und der Migranten gegeben. In den Kapiteln 1.2 und 1.3 wird anschließend die Personengruppe der Flüchtlinge und deren Verteilung auf Deutschland und das Land Hessen näher betrachtet. Ab Kapitel 2 beschränkt sich die Untersuchung jedoch nur auf die Gesundheitsversorgung sowie auf die Krankheitskosten der Asylberechtigten, da allein dieser Personenkreis eine Aufenthaltserlaubnis mit dreijähriger Gültigkeit besitzt und ggf. danach dauerhaft in Deutschland leben wird.[25] Im Weiteren wird in Kapitel 2 auf die unterschiedlichen Leistungsansprüche in der medizinischen Versorgung im Rahmen des AsylG sowie des AsylbLG eingegangen. Eine Betrachtung der gesundheitlichen Lage der Asylberechtigten wird in Kapitel 3 vorgenommen. Dieser theoretische Teil bildet die Basis für die Analysen, die in den darauffolgenden Kapiteln durchgeführt werden. In Kapitel 4 werden zum einen die (Krankheits-)Kosten ermittelt und zum anderen die damit verbundenen zu erwartenden finanziellen Belastungen dargestellt, die auf das Land Hessen in der gesundheitlichen Versorgung von Asylberechtigten zukommt. Eine Beschreibung des Einflusses der Sprache, der Kultur und der Wertevorstellungen auf die medizinische Versorgung erfolgt anschließend in Kapitel 5. Das Kapitel 6 fasst die ersten Ergebnisse zusammen, bewertet diese mittels SWOT-Analyse und gibt anschließend eine Prognose hinsichtlich des zukünftigen Flüchtlingszustroms. Die Untersuchung schließt die Betrachtung mit einer Handlungsempfehlung in Kapitel 7 ab. Kapitel 8 fasst die Ergebnisse zum Schluss noch einmal zusammen.

Ergänzend zum Buch stehen Ihnen bei Interesse umfangreiche Materialien im Downloadbereich der Website der APOLLON University Press zur Verfügung (www.aon.media/e1yvlp) oder über den folgenden QR-Code:

aon.media/e1yvlp

Im Text wird jeweils auf entsprechende Materialien hingewiesen.

---

[25] vgl. BAMF, 2016c

1 Gruppierung und Verteilung der Flüchtlingsbewegung

Unter den Flüchtlingsbewegungen der Weltbevölkerung sind verschiedene Gruppierungen zu unterscheiden. So gibt es die Gruppe der Flüchtlinge, die Gruppe der Asylbewerber sowie die Gruppe der Migranten. Der Anteil der drei Personengruppen betrug im Jahr 2015 zusammen 22,18 % der Gesamtbevölkerung in Deutschland. Der jeweilige Anteil und deren Entwicklung von 2013 bis 2015 an der Gesamtbevölkerung kann Abbildung 1.1 entnommen werden.

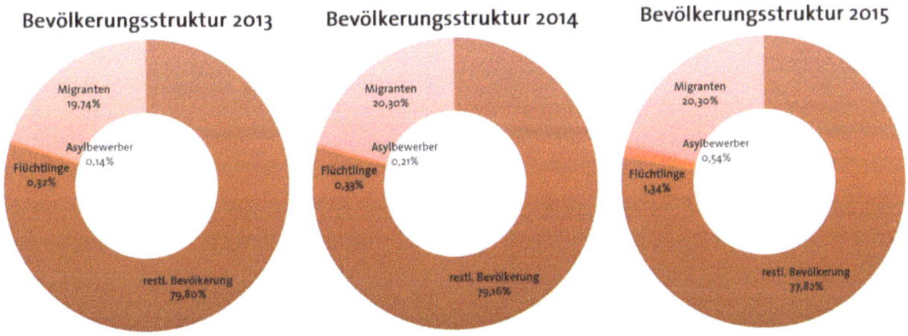

Abbildung 1.1: Bevölkerungsstruktur 2013 bis 2015[26]

Auch wird hier auf die Verteilung der Gruppe der Flüchtlinge auf die Bundesrepublik Deutschland und insbesondere auf das Bundesland Hessen eingegangen.

1.1 Flüchtlinge, Asylbewerber und Migranten – eine Begriffserklärung

Im Folgenden werden die Personengruppen der Flüchtlinge, der Asylbewerber und der Migranten definiert und genauer erläutert. Diese Definitionen erfolgen zur Verdeutlichung der Unterschiede, wodurch eine bessere Abgrenzung der jeweiligen Personengruppen möglich ist. Es ist jedoch zu beachten, dass der Status einer Person einer bestimmten Gruppierung wechseln kann. So kann ein nach Deutschland kommender Flüchtling einen Asylantrag stellen, was ihn zu einem Asylbewerber macht. Wird dieser Antrag gewährt, d. h.,

[26] vgl. StBa 2013a, S. 38; StBa, 2015; BAMF, 2015a, S. 2; BAMF, 2015b, S. 12; UNHCR, 2014a, S. 2, 50; UNHCR, 2014b, S. 2, 46; n-tv, 2016

es erfolgt keine Rückkehr in sein Heimatland, so wird aus dem Flüchtling ein Asylberechtigter. Bleibt der Asylberechtigte in Deutschland, so wird er im Zeitverlauf in die Gruppe der Migranten überwechseln.

Flüchtlinge

Ausgehend von der *Genfer Flüchtlingskonvention* aus dem Jahr 1951 werden in der Richtlinie 2004/83/EG DES RATES vom 29.04.2004 Mindestnormen für die Anerkennung und den Status von Drittstaatsangehörigen oder Staatenlosen als Flüchtlinge oder als Personen, die anderweitig internationalen Schutz benötigen, festgelegt. Weiterhin wird der Inhalt des zu gewährenden Schutzes konkretisiert. Voraussetzung für eine Anerkennung als Flüchtling ist, dass der

> „‚Flüchtling' ein Drittstaatsangehöriger ist, der sich aus der begründeten Furcht vor Verfolgung wegen seiner Rasse, Religion, Staatsangehörigkeit, politischen Überzeugung oder Zugehörigkeit zu einer bestimmten sozialen Gruppe außerhalb des Landes befindet, dessen Staatsangehörigkeit er besitzt, und den Schutz dieses Landes nicht in Anspruch nehmen kann oder wegen dieser Furcht nicht in Anspruch nehmen will, oder ein Staatenloser, der sich aus denselben vorgenannten Gründen außerhalb des Landes seines vorherigen gewöhnlichen Aufenthalts befindet und nicht dorthin zurückkehren kann oder wegen dieser Furcht nicht dorthin zurückkehren will"[27]

und die „Flüchtlingseigenschaft"[28] durch einen Mitgliedsstaat der Europäischen Union (EU) anerkannt wurde. Im Weiteren hat die UNHCR rechtlich klargestellt,

> „dass Personen, die im Zuge eines Krieges oder Konflikts verfolgt werden oder von Verfolgung bedroht sind, grundsätzlich als Flüchtlinge im Sinne der Genfer Konvention von 1951 und des Protokolls von 1967 angesehen werden sollten".[29]

In Deutschland wird die Zuerkennung des Flüchtlingsschutzes in § 3a Abs. 1 Asylverfahrensgesetz (AsylVfG) – seit Oktober 2015 Asylgesetz (AsylG)[30] – geregelt. Dort wird Bezug auf die *Genfer Flüchtlingskonvention* genommen. Konkretisiert wird dieser Flüchtlingsschutz durch die Ausführungen des BAMF.[31]

---

[27] EU, 2004, Art. 2, Buchstabe c) und d)
[28] EU, 2004, Art. 2, Buchstabe c) und d)
[29] UNHCR, o. J., S. 3, Punkt 9
[30] geändert durch Asylbeschleunigungsgesetz vom 20.10.2015
[31] vgl. BAMF, 2014

Hiernach gelten als Verfolgung Handlungen, die

1. „auf Grund ihrer Art oder Wiederholung so gravierend sind, dass sie eine schwerwiegende Verletzung der grundlegenden Menschenrechte darstellen, insbesondere der Rechte, von denen nach Artikel 15 Absatz 2 der Konvention vom 4. November 1950 zum Schutze der Menschenrechte und Grundfreiheiten (BGBl. 1952 II S. 685, 953) keine Abweichung zulässig ist, oder
2. in einer Kumulierung unterschiedlicher Maßnahmen, einschließlich einer Verletzung der Menschenrechte, bestehen, die so gravierend ist, dass eine Person davon in ähnlicher wie der in Nummer 1 beschriebenen Weise betroffen ist“.[32]

Als Beispiele für Handlungen, die als Verfolgung gelten können, werden durch das BAMF angeführt:

- „Anwendung physischer oder psychischer Gewalt, einschließlich sexueller Gewalt,
- gesetzliche, administrative, polizeiliche und/oder justizielle Maßnahmen, die als solche diskriminierend sind oder in diskriminierender Weise angewandt werden,
- unverhältnismäßige oder diskriminierende Strafverfolgung oder Bestrafung,
- Verweigerung gerichtlichen Rechtsschutzes mit dem Ergebnis einer unverhältnismäßigen oder diskriminierenden Bestrafung,
- Handlungen, die an die Geschlechtszugehörigkeit anknüpfen oder gegen Kinder gerichtet sind.“[33]

Im Jahr 2013 waren weltweit 51,2 Mio. Menschen auf der Flucht. Davon 16,7 Mio. Flüchtlinge (11,7 Mio. unter UNHCR-Mandat und 5,0 Mio. Flüchtlinge aus Palästina registriert bei *The United Nations Relief and Works Agency for Palestine Refugees* [UNRWA]). Von diesen 16,7 Mio. Flüchtlingen wurden 256.000 in Deutschland aufgenommen.[34] Unter den 59,5 Mio. Menschen, welche im Jahr 2014 weltweit auf der Flucht waren, stieg die Flüchtlingszahl bereits auf 19,5 Mio. Menschen an. Davon wurden 267.000 Menschen in Deutschland aufgenommen.[35]

---

[32] § 3a Abs. 2 AsylG
[33] BAMF, 2014
[34] vgl. UNHCR, 2014b, S. 2, 46
[35] vgl. UNHCR, 2014a, S. 2, 50

Dies entspricht einer Steigerung von ca. 4,3 %. Im Jahr 2015 stieg die Flüchtlingszahl in Deutschland sprunghaft auf insgesamt 1.091.894 Personen und damit um das 4-Fache gegenüber 2014 an.[36]

Asylbewerber

Ausgangsbasis für die Zugehörigkeit einer Person zu der Gruppe der Asylbewerber sind die vorangestellten grundsätzlichen Voraussetzungen für die Anerkennung als Flüchtling. Das European Migration Network (EMN) definiert einen Asylbewerber wie folgt:

> „In the global context, a person who seeks safety from persecution or serious harm in a country other than their own and awaits a decision on the application for refugee status under relevant international and national instruments. In the EU context, a person who has made an application for protection under the Geneva Convention in respect of which a final decision has not yet been taken."[37]

Die EMN unterscheidet dabei zwei Perspektiven, den globalen und den EU-Kontext. In der Richtlinie 2013/32/EU des Europäischen Parlaments und des Rates vom 26.06.2013 zum gemeinsamen Verfahren für die Zu- und Aberkennung des internationalen Schutzes (Neufassung) wird konkretisiert, dass ein Antragsteller als Asylbewerber gilt, der einen Antrag auf internationalen Schutz gestellt hat und über den noch keine bestandskräftige Entscheidung ergangen ist.[38]

Von den Flüchtlingen, die in den Jahren 2013 und 2014 in Deutschland aufgenommen wurden, haben im Jahr 2013 insgesamt 109.580 Personen und im Jahr 2014 insgesamt 173.072 Personen einen Asylantrag (Erstantrag) gestellt.[39] Im Jahr 2015 wurden durch das BAMF 441.899 Erstanträge entgegengenommen und damit mehr als doppelt so viele wie im Jahr 2014.

Die meisten Anträge wurden von Flüchtlingen aus nachfolgenden Ländern gestellt:[40]

- **Syrien: 158.657**
- Albanien: 53.805
- Kosovo: 33.427
- Serbien: 16.700
- Ungeklärt (unbekannte Herkunft): 11.721
- **Eritrea: 10.876**

---

[36] vgl. n-tv, 2016
[37] EMN, 2014, S. 33
[38] vgl. Europäisches Parlament und der Rat, 2013, S. L180/99
[39] vgl. BAMF, 2015b, S. 13
[40] vgl. BAMF, 2015a, S. 2

- **Afghanistan: 31.382**
- **Irak: 29.784**
- Mazedonien: 9.083
- Pakistan: 8.199

Die Bearbeitungszeit für Asylanträge dauerte im Jahr 2015 zwischen mehreren Monaten und einem Jahr.[41] In Planung sind sogenannte Aufnahmezentren, mit deren Hilfe die Bearbeitungszeit für Asylanträge auf 48 Stunden verkürzt werden soll. Dabei werden die Asylanträge bestimmten Clustern zugeordnet:[42]

- In Cluster A fallen Asylanträge von Asylbewerbern aus Herkunftsländern mit sehr guter Bleibeperspektive.
- In Cluster B fallen Asylanträge von Asylbewerbern aus sicheren Herkunftsländern.
- In Cluster C fallen komplexe Fälle außerhalb von Cluster A und B.
- In Cluster D fallen die Dublin-Fälle[43].
- Cluster C und D werden zudem zur weiteren Bearbeitung an eine Außenstelle des BAMF geleitet.

Werden Asylanträge genehmigt, bedeutet dies, dass der Flüchtling als Asylberechtigter eine Aufenthaltserlaubnis mit dreijähriger Gültigkeit erhält und anschließend ggf. eine unbefristete Niederlassungserlaubnis erhalten kann.[44] Im umgekehrten Falle, d. h. bei einer Ablehnung des Asylgesuchs, erhält der Asylbewerber eine Aufforderung zur Ausreise innerhalb einer bestimmten Frist. Gleichzeitig mit dem Ablehnungsbescheid erfolgt eine Abschiebungsandrohung (§ 34 AsylG), mittels derer ihm die Abschiebung angedroht wird, sollte er nicht innerhalb der oben genannten Frist freiwillig ausreisen.[45]

Von den im Jahr 2015 gestellten Erstanträgen auf Asyl wurde in ca. 282.726 Fällen bereits über den Asylantrag entschieden. Dabei zeigt die Tabelle 1.1, wie die Gesamtschutzquote[46] (in Prozent) für die zuvor genannten Länder ausfällt.

[41] vgl. Borstel/Leubecher, 2016
[42] vgl. Die Bundesregierung, 2016a
[43] Im Rahmen der Dublin-Fälle wird der für den Asylantrag zuständige Staat festgestellt. Ziel ist es, dass der Asylantrag nur von einem Mitgliedsstaat inhaltlich geprüft wird (vgl. BAMF, 2017, S. 36).
[44] vgl. BAMF, 2016c
[45] vgl. BAMF, o. J.a
[46] Beinhaltet die Rechtsstellung als Flüchtling, den subsidiären Schutz gem. § 4 Abs. 1 AsylG und das Abschiebungsverbot gem. § 60 Abs. 5, 7 AufenthG.

Ausgehend von der Gesamtschutzquote bedeutet dies, dass eine sehr hohe Anzahl von Flüchtlingen aus den Ländern Syrien, Afghanistan, dem Irak und Eritrea als Asylberechtigte in Deutschland verbleiben. Aus diesem Grund erfolgt im Weiteren eine Beschränkung auf den Personenkreis der Asylberechtigten aus diesen vier Ländern.

Tabelle 1.1: Gesamtschutzquote der Top Ten der Asylbewerber[47]

Flüchtlingsland	Gesamtschutzquote
Syrien	**96,0 %**
Albanien	0,2 %
Kosovo	0,4 %
Afghanistan	**47,6 %**
Irak	**88,6 %**
Serbien	0,1 %
Ungeklärt	80,2 %
Eritrea	**92,1 %**
Mazedonien	0,5 %
Pakistan	9,8 %

Migranten

Auch bei der Begriffsbestimmung der Personengruppe der Migranten wird zwischen dem globalen Kontext und dem EU-Kontext unterschieden. Im Sinne des globalen Kontexts wird eine Person als Migrant bezeichnet, die für mehr als ein Jahr in einem fremden Land wohnt, unabhängig von den Ursachen und davon, ob sie dies freiwillig oder unfreiwillig tut. Weiterhin verfügt der Migrant über finanzielle regelmäßige, aber auch unregelmäßige Mittel, die zur Wanderung zwischen den Staaten aufgewendet werden. Im EU-Kontext gilt eine Person als Migrant, die ihren gewöhnlichen Aufenthalt für mindestens zwölf Monate im Hoheitsgebiet eines EU-Mitgliedsstaats hat, nachdem sein gewöhnlicher Aufenthalt zuvor in einem anderen Mitgliedsstaat oder einem Drittland war.[48]

[47] vgl. BAMF, 2015a, S. 2
[48] vgl. EMN, 2014, S. 187

In Deutschland hingegen wird im Rahmen der Zensur des Statistischen Bundesamts der Begriff Migrant wie folgt ausgelegt:

> „Als Personen mit Migrationshintergrund werden alle zugewanderten und nicht zugewanderten Ausländer/-innen sowie alle nach 1955 auf das heutige Gebiet der Bundesrepublik Deutschland zugewanderten Deutschen und alle Deutschen mit zumindest einem nach 1955 auf das heutige Gebiet der Bundesrepublik Deutschland zugewanderten Elternteil definiert. Ausländer/-innen sind Personen, die nicht die deutsche Staatsangehörigkeit besitzen. Enthalten sind ebenfalls Staatenlose und Personen mit ungeklärter Staatsangehörigkeit."[49]

Im Jahr 2013 wurden nach Angaben des Statistischen Bundesamtes ca. 15,91 Mio. Menschen mit Migrationshintergrund entsprechend der oben genannten Definition gezählt.[50] Ebenso wie die Zahl der Flüchtlinge und der Asylbewerber in Deutschland steigt, ist auch die Zahl der Zuwanderung im Jahr 2014 weiter angestiegen. So wurden im Jahr 2014 insgesamt 16,4 Mio. Menschen mit Migrationshintergrund in Deutschland gezählt. Damit umfasst diese Personengruppe ca. 20,3 % der Gesamtbevölkerung.[51]

1.2 Verteilung der Flüchtlinge zwischen Bund und Land Hessen

Die sichtbare, eingangs zitierte Zunahme von Flüchtlingen und Asylbewerbern in kürzester Zeit stellt Deutschland und damit auch das Land Hessen vor große Herausforderungen, die auch den Bereich der medizinischen Versorgung umfassen. Die ankommenden Flüchtlinge werden im Rahmen der Unterbringung und Versorgung auf die 16 Bundesländer verteilt. Die Verteilung erfolgt dabei nach dem sogenannten *Königsberger Schlüssel.* Das bedeutet, die Aufnahme von Flüchtlingen je Bundesland richtet sich nach den Steuereinnahmen (⅔ Anteil bei der Bewertung) und der Bevölkerungszahl (⅓ Anteil bei der Bewertung).[52]

Tabelle 1.2 zeigt, wie die Verteilungsquoten nach Angaben des BAMF für das Jahr 2016 für die einzelnen Bundesländer ausfallen.

Frank-Jürgen Weise, der Leiter des BAMF, ging Anfang 2016 davon aus, dass im Jahr 2016 rund 500.000 Flüchtlinge nach Deutschland kommen könnten. Auf Basis der Verteilungsquoten aus dem Jahr 2016 würden von diesen

---

[49] StBa, 2013, S. 26
[50] vgl. StBa, 2014, S. 38
[51] vgl. StBa, 2015
[52] vgl. BAMF, o. J.b.

500.000 Flüchtlingen ca. 36.800 Personen nach Hessen kommen.[53] In den Monaten Januar und Februar 2016 sind bereits 11.988 Flüchtlinge nach Hessen gekommen.[54]

Tabelle 1.2: Verteilungsquoten für 2016[55]

Bundesland	Quote	Bundesland	Quote
Baden-Württemberg	12,87 %	Niedersachsen	9,32 %
Bayern	15,52 %	Nordrhein-Westfalen	21,21%
Berlin	5,05 %	Rheinland-Pfalz	4,84 %
Brandenburg	3,06 %	Saarland	1,22 %
Bremen	0,96 %	Sachsen	5,08 %
Hamburg	2,53 %	Sachsen-Anhalt	2,83 %
Hessen	**7,36 %**	Schleswig-Holstein	3,40 %
Mecklenburg-Vorpommern	2,03 %	Thüringen	2,72 %

Die Verteilungsquote für das Land Hessen lag im Jahr 2015 bei 7,32 %.[56] Somit hat das Land Hessen im Jahr 2015 insgesamt 79.788 Flüchtlinge aufgenommen und untergebracht. Abbildung 1.2 zeigt, wie sich die Flüchtlinge auf die einzelnen Herkunftsländer verteilen.

53 vgl. Mitteldeutsche Zeitung, 2016
54 vgl. Land Hessen, 2016a
55 vgl. BAMF, 2017, S. 16
56 vgl. BAMF, 2016, S. 16

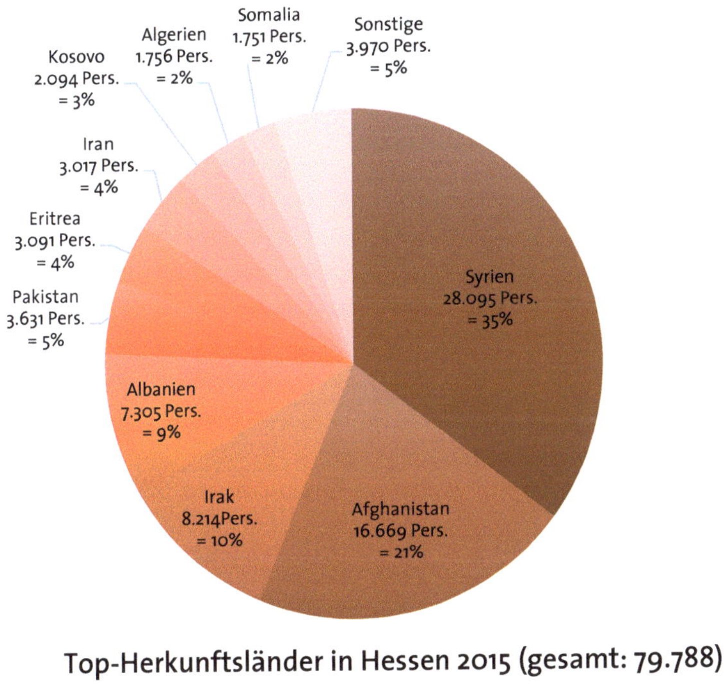

Abbildung 1.2: Top-Herkunftsländer in Hessen 2015[57]

Ein Vergleich, wie sich die Flüchtlingszahlen in Hessen in den letzten Jahren entwickelt haben und die Darstellung der sprunghaft ansteigenden Zahlen in den letzten Jahren bietet Abbildung 1.3.

---

[57] vgl. Land Hessen, 2016b, S. 6

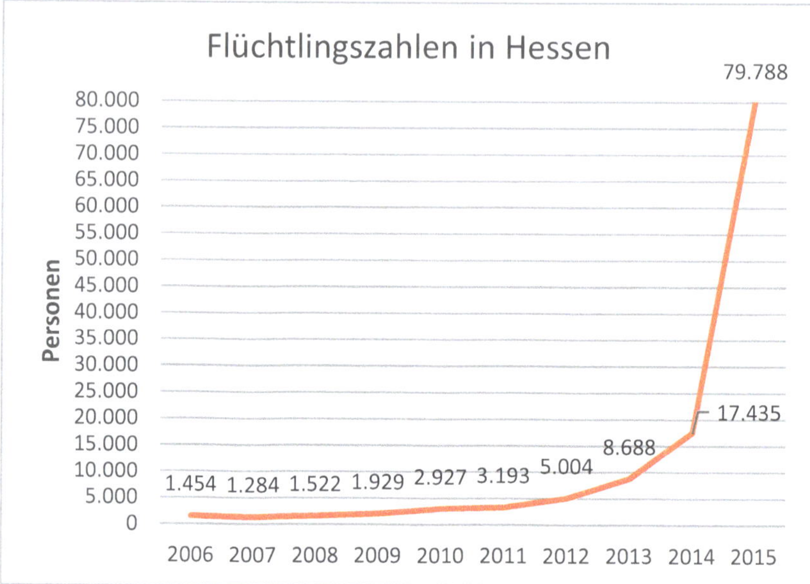

Abbildung 1.3: Flüchtlingszahlen Hessen 2006–2015[58]

Die Erstunterbringung der Flüchtlinge erfolgt in Hessen in sogenannten Erstaufnahmeeinrichtungen. Um den enorm angestiegenen Flüchtlingszahlen gerecht zu werden, wurde in der zweiten Asylkonferenz des Landes Hessen vom 18.09.2014 die Errichtung von weiteren Erstaufnahmeeinrichtungen zur Entlastung des Standorts Gießen vereinbart.[59] Insgesamt wurden somit in den zurückliegenden Monaten bis Dezember 2015 vier Standorte mit Erstaufnahmeeinrichtung sowie 32 Außenstellen geschaffen.[60] In den Erstaufnahmeeinrichtungen erfolgt neben der Unterbringung auch die Betreuung und Versorgung der Flüchtlinge. Dort verbleiben diese bis zur Weiterleitung in die zuständigen Erstaufnahmeeinrichtungen in den anderen Bundesländern entsprechend der bundesweiten Verteilung (vgl. Tab. 1.1) oder, wenn sie Hessen zugewiesen werden, bis zur Zuweisung in die hessischen Gebietskörperschaften (Landkreise und kreisfreie Städte).[61]

[58] vgl. Land Hessen, 2016a
[59] vgl. Land Hessen, 2015b
[60] vgl. Land Hessen, 2016c
[61] vgl. Land Hessen, o. J.a

1.3 Verteilung der Flüchtlinge auf die Gebietskörperschaften im Land Hessen

Die Verteilung der Flüchtlinge in Hessen auf die Landkreise und kreisfreien Städte erfolgt nach der *Verordnung über die Verteilung von Flüchtlingen, anderen ausländischen Personen, Spätaussiedlerinnen und Spätaussiedlern und über die Gebühren für die Unterbringung (Verteilungs- und Unterbringungsgebührenverordnung)* vom 21.12.2009. Hiernach wird in Tabelle 1.3 dargestellt, wie viele Flüchtlinge laut der Verordnung und entsprechend der Einwohnerzahl des Landkreises bzw. der kreisfreien Stadt aufzunehmen sind.

Tabelle 1.3: Verteilungsquoten der Flüchtlinge im Land Hessen auf die Landkreise/kreisfreien Städte[62]

Einwohner	Aufnahmequote
bis 100.000 Einwohner	1 v. H.
über 100.000 bis 150.000 Einwohner	2 v. H.
über 150.000 bis 200.000 Einwohner	4 v. H.
über 200.000 bis 250.000 Einwohner	4,5 v. H.
über 250.000 bis 300.000 Einwohner	5,5 v. H.
über 300.000 bis 400.000 Einwohner	6 v. H.
über 400.000 Einwohner	8,5 v. H.

In Hessen gibt es aktuell 26 Landkreise bzw. kreisfreie Städte. Das Hessische Statistische Landesamt hat für diese Bezirke die Bevölkerungszahlen zum 30.06.2015 erhoben.[63] Tabelle 1.4 zeigt für jeden Landkreis bzw. für jede kreisfreie Stadt die zum Stichtag vorliegende Bevölkerungszahl sowie die auf deren Basis errechnete grundsätzliche Aufnahmequote von Flüchtlingen. Dabei bleibt die Bereinigung nach § 2 der Verteilungs- und Unterbringungsgebührenverordnung (VUBGebV) außer Acht, da diese Zahlen nicht bekannt sind.[64]

Die Unterbringung von Flüchtlingen in den Gebietskörperschaften erfolgt entweder in Gemeinschaftsunterkünften oder in Privatwohnungen sowie Ein- bzw. Zweifamilienhäusern.

Ergänzende Materialien zur Verteilung und Aufnahme von Flüchtlingen stehen Ihnen zum Download zur Verfügung (Kap. 1.3, Tab. A.1).

---

62 vgl. Hessische Landesregierung, 2009, S. 769; § 1 VUBGebV
63 vgl. HSL, 2016
64 vgl. Hessische Landesregierung, 2009, S. 769

Tabelle 1.4: Verteilung und Aufnahme von Flüchtlingen in den Landkreisen/kreisfreien Städten[65]

Landkreis/ kreisfreie Stadt	Bevölkerung am 30.06.2015	Aufnahme Flüchtlinge v. H.	Landkreis/ kreisfreie Städte	Bevölkerung am 30.06.2015	Aufnahme Flüchtlinge v. H.
Darmstadt	152.327	2	Wetteraukreis	298.398	5,5
Frankfurt	724.869	8,5	Gießen	260.406	5,5
Stadt Offenbach	121.889	2	Limburg-Weilburg	170.806	4
Wiesbaden	276.192	5,5	Lahn-Dill-Kreis	251.704	5,5
Bergstraße	264.893	5,5	Vogelsbergkreis	105.522	2
Darmstadt-Dieburg	289.213	5,5	Marburg-Biedenkopf	241.493	4,5
Main-Taunus-Kreis	230.868	4,5	Stadt Kassel	195.239	4
Odenwaldkreis	96.047	1	Fulda	217.584	4,5
Main-Kinzig-Kreis	409.043	8,5	Hersfeld-Rotenburg	119.216	2
Groß-Gerau	262.737	5,5	Kassel	233.623	4,5
Hochtaunuskreis	231.788	4,5	Schwalm-Eder-Kreis	179.638	4
Offenbach	343.434	6	Waldeck-Frankenberg	156.427	4
Rheingau-Taunus-Kreis	182.691	4	Werra-Meißner-Kreis	100.156	2

Im Landkreis Gießen ist die Unterbringung in Gemeinschaftsunterkünften auf 50 Personen begrenzt. Bei den Gemeinschaftsunterkünften handelt es sich dabei oftmals um hotelähnliche Immobilien oder klassische Heime. Grundsätzlich hat die Unterbringung in Privatwohnungen sowie Ein- bzw. Zweifamilienhäusern Vorrang vor der Unterbringung in den Gemeinschaftsunterkünften. Meist ziehen die Flüchtlinge nach drei bis sechs Monaten in Privatunterkünfte um. Sofern Flüchtlinge bereits Bekannte im Landkreis haben, können sie in deren privatem Umfeld untergebracht werden.[66] Mit der Aufnahme der Flüchtlinge in die Erstaufnahmeeinrichtungen und der späteren Verteilung auf die Landkreise und kreisfreien Städte als Asylberechtigte ist auch die medizinische Versorgung sicherzustellen.

[65] vgl. HSL, 2016; § 1 VUBgebV
[66] vgl. Landkreis Gießen, 2015, S. 1 ff.

2 Gesundheitsversorgung von Asylberechtigten

Der hier beschriebene Zugang von Asylberechtigten zur medizinischen Versorgung ist eine der Voraussetzungen für die Darstellung der Leistungsausgaben sowie der Krankheitskosten in Kapitel 4.

2.1 Gesundheitsuntersuchung nach § 62 AsylG

§ 62 AsylG – Gesundheitsuntersuchung

> „(1) Ausländer, die in einer Aufnahmeeinrichtung oder Gemeinschaftsunterkunft zu wohnen haben, sind verpflichtet, eine ärztliche Untersuchung auf übertragbare Krankheiten einschließlich einer Röntgenaufnahme der Atmungsorgane zu dulden. Die oberste Landesgesundheitsbehörde oder die von ihr bestimmte Stelle bestimmt den Umfang der Untersuchung und den Arzt, der die Untersuchung durchführt.
>
> (2) Das Ergebnis der Untersuchung ist der für die Unterbringung zuständigen Behörde mitzuteilen. Wird bei der Untersuchung der Verdacht oder das Vorliegen einer meldepflichtigen Krankheit nach § 6 des Infektionsschutzgesetzes oder eine Infektion mit einem Krankheitserreger nach § 7 des Infektionsschutzgesetzes festgestellt, ist das Ergebnis der Untersuchung auch dem Bundesamt mitzuteilen."

Nach § 62 AsylG ist jeder Asylbewerber,[67] der in einer Aufnahmeeinrichtung oder Gemeinschaftsunterkunft untergebracht ist, verpflichtet, sich einer ärztlichen Untersuchung hinsichtlich übertragbarer Krankheiten einschließlich einer Röntgenaufnahme der Atmungsorgane zu unterziehen (Erstaufnahmeuntersuchung). Diese Maßnahme kann nicht abgelehnt werden. In den einzelnen Bundesländern ist dabei von der obersten Landesbehörde der Umfang der Untersuchung näher zu bestimmen.[68] Der Erlass vom 23.02.2009 über die ärztliche Untersuchung von Asylbewerbern und anderen Personen nach Einreise in Hessen entspricht den Vorgaben des § 62 AsylG. Er konkretisiert darüber hinaus, dass die Asylbewerber nach Ziffer 1.2 des Erlasses angehalten sind, die Untersuchung unmittelbar nach der Einreise durchführen zu lassen.[69]

---

[67] Der Gesetzeswortlaut spricht grundsätzlich von Asylbewerbern; dies bezieht die Asylberechtigten mit ein.

[68] vgl. § 62 Abs. 1 AsylG

[69] vgl. HMAFG, 2009, S. 544

Dabei sieht der Erlass folgende Diagnostik vor:

- allgemein orientierte körperliche Untersuchungen, und, soweit möglich, die Erhebung einer Anamnese und der Symptome, insbesondere hinsichtlich der in § 34 Infektionenschutzgesetz (IFSG) genannten Krankheitsbilder

- Röntgenthorax-Aufnahme zum Ausschluss einer ansteckungsfähigen Lungentuberkulose. Bei Kindern und Jugendlichen, die das 15. Lebensjahr noch nicht vollendet haben und bei Schwangeren soll stattdessen eine intrakutane Tuberkulinprobe durchgeführt werden.

- weitergehende Untersuchung hinsichtlich übertragbarer Krankheiten im Verdachtsfall oder Abklärung eines klinischen Krankheitsbildes nach Maßgabe des untersuchenden Arztes im Einzelfall

- Überprüfung des Impfstatus, Impfempfehlungen und gegebenenfalls Impfungen[70]

2.2 Gesundheitsversorgung nach §§ 6, 4 Abs. 1, 2 AsylbLG

§ 4 Abs. 1 und 2 AsylbLG – Leistungen bei Krankheit, Schwangerschaft und Geburt

> „(1) Zur Behandlung akuter Erkrankungen und Schmerzzustände sind die erforderliche ärztliche und zahnärztliche Behandlung einschließlich der Versorgung mit Arznei- und Verbandmitteln sowie sonstiger zur Genesung, zur Besserung oder zur Linderung von Krankheiten oder Krankheitsfolgen erforderlichen Leistungen zu gewähren. Zur Verhütung und Früherkennung von Krankheiten werden Schutzimpfungen entsprechend den §§ 47, 52 Absatz 1 Satz 1 des Zwölften Buches Sozialgesetzbuch und die medizinisch gebotenen Vorsorgeuntersuchungen erbracht. Eine Versorgung mit Zahnersatz erfolgt nur, soweit dies im Einzelfall aus medizinischen Gründen unaufschiebbar ist.
>
> (2) Werdenden Müttern und Wöchnerinnen sind ärztliche und pflegerische Hilfe und Betreuung, Hebammenhilfe, Arznei-, Verband- und Heilmittel zu gewähren.“

[70] vgl. HMAFG, 2009, S. 544

§ 6 AsylbLG – Sonstige Leistungen

> „(1) Sonstige Leistungen können insbesondere gewährt werden, wenn sie im Einzelfall zur Sicherung des Lebensunterhalts oder der Gesundheit unerläßlich, zur Deckung besonderer Bedürfnisse von Kindern geboten oder zur Erfüllung einer verwaltungsrechtlichen Mitwirkungspflicht erforderlich sind. Die Leistungen sind als Sachleistungen, bei Vorliegen besonderer Umstände als Geldleistung zu gewähren.
>
> (2) Personen, die eine Aufenthaltserlaubnis gemäß § 24 Abs. 1 des Aufenthaltsgesetzes besitzen und die besondere Bedürfnisse haben, wie beispielsweise unbegleitete Minderjährige oder Personen, die Folter, Vergewaltigung oder sonstige schwere Formen psychischer, physischer oder sexueller Gewalt erlitten haben, wird die erforderliche medizinische oder sonstige Hilfe gewährt.“

Leistungsberechtigte nach dem AsylbLG haben in den ersten 15 Monaten einen Anspruch auf Gesundheitsversorgung nach § 4 Abs. 1 und 2 AsylbLG. Dieser umfasst die Behandlung akuter Erkrankungen und Schmerzzustände im Rahmen ärztlicher und zahnärztlicher Behandlungen einschließlich der Versorgung mit Arznei- und Verbandmitteln sowie sonstiger zur Genesung, zur Besserung oder zur Linderung von Krankheiten oder Krankheitsfolgen erforderlichen Leistungen. Ebenfalls werden zur Verhütung und Früherkennung von Krankheiten erforderliche Schutzimpfungen entsprechend den §§ 47 und 52 Abs. 1 S. 1 SGB XII sowie die medizinisch gebotenen Vorsorgeuntersuchungen erbracht. Eine Versorgung mit Zahnersatz erfolgt darüber hinaus nur, soweit diese im Einzelfall aus medizinischen Gründen unaufschiebbar ist.[71]

Weiterhin sieht § 52 Abs. 2 SGB XII vor, dass auch werdenden Müttern und Wöchnerinnen ärztliche und pflegerische Hilfen und Betreuung, Hebammenhilfe sowie Arznei-, Verband- und Heilmittel zu gewähren sind.[72] Darüber hinaus können nach § 6 Abs. 1 AsylbLG sonstige Leistungen gewährt werden, wenn diese im Einzelfall zur Sicherung der Gesundheit unerlässlich sind.[73]

Im Laufe der letzten Jahre haben sich verschiedene Gerichte mit der Auslegung der Rechtsnorm des § 4 Abs. 1 AsylbLG befasst. Grundsätzlich schränkt dieses Gesetz die Behandlungspflicht auf Akuterkrankungen und

[71] vgl. § 4 Abs. 1 AsylbLG
[72] vgl. § 4 Abs. 2 AsylbLG
[73] vgl. § 6 Abs. 1 AsylbLG

Schmerzzustände ein,[74] was bedeutet, dass die Behandlung chronischer Erkrankungen nicht erfasst wird.[75] Ebenso werden Behandlungen, welche aufgrund der voraussichtlich kurzen Aufenthaltsdauer nicht abgeschlossen werden können, nicht von der Leistungspflicht des § 4 Abs. 1 AsylbLG erfasst. Das Landessozialgericht Baden-Württemberg hat weiterhin in einem Urteil entschieden, dass im Rahmen der Gesundheitsversorgung nach § 4 Abs. 1 AsylbLG kein Anspruch auf eine optimale oder bestmögliche Versorgung besteht.[76] Des Weiteren wurde am 22.08.2005 vor dem Thüringer Landessozialgericht der Fall einer Asylbewerberin verhandelt, die im Wege einer einstweiligen Anordnung die Antragsgegnerin (zuständige Sozialbehörde) verpflichten wollte, die Kosten für eine ambulante, gegebenenfalls stationäre psychotraumatologische Behandlung zu tragen. Die Asylbewerberin erhielt im Jahr 2002 eine Überweisung an eine Psychotherapeutin zur ambulanten Psychotherapie wegen einer posttraumatischen Störung und eines klinisch depressiven Syndroms. Die Beklagte lehnte die Behandlung mit der Begründung ab, dass nach § 4 Abs. 1 AsylbLG Behandlungen nur bei akuten Erkrankungen und Schmerzzuständen zu gewähren seien. Eine akute Erkrankung würde aber bei der Antragstellerin nicht vorliegen. In einem von der Asylbewerberin persönlich beauftragten und ergänzenden psychologischen Gutachten im Jahr 2005 wurde eine Vergewaltigung als weiterer belastender Faktor angeführt, die zu dem Zeitpunkt aber bereits sechs bis sieben Jahre zurücklag und zuvor nie erwähnt wurde. Das Gericht holte zur Bewertung des Sachverhalts ebenfalls ein medizinisches Sachverständigengutachten ein. Diesen inhaltlichen Ausführungen folgte das Gericht.[77] Der Sachverständige führt in seiner Stellungnahme hinsichtlich der Vergewaltigung aus

> „dass das spätere Erwähnen der Vergewaltigung möglicherweise darauf beruhe, dass bei einer vergewaltigten Frau, bei der eine unfreiwillige Rückführung drohe, dies als außerordentlicher Stressor angesehen werde, da sie befürchten müsse, die Vermeidungssymptomatik nicht mehr aufrecht erhalten zu können, wobei auch eine erhebliche Verschlechterung des Gesundheitszustandes nach einer längeren Zeitspanne durchaus nicht ungewöhnlich sei, ist dem entgegen zu halten, dass die Antragstellerin seit Jahren konkret mit einer Abschiebung rechnen muss, mithin dieser so bezeichnete ‚externe Stressor' bei der Antragstellerin seit Jahren konkret gegeben war und die Dar-

[74] vgl. Eichenhofer, 2013, S. 170
[75] vgl. Münder et al., 2008; § 4 Rn. 3 SGB XII
[76] vgl. LSG BW, 2007, Rn. 5
[77] vgl. LSG Th., 2005

> stellung ihrer Vergewaltigung im Rahmen des Gutachtens vom 8. März 2005 erst erfolgte, als die wahre Identität der Familie aufgeklärt worden war, sodass auch der Zeitpunkt dieses Vortrages Zweifel aufkommen lassen muss".[78]

Die Richter lehnten daher das Anordnungsgesuch der Asylbewerberin ab und führten in der Begründung aus:

> „Die von der Antragstellerin geschilderte posttraumatische Belastungsstörung war in dem von ihr selbst genannten Verlaufskriterium zumindest nicht mit einem derartigen Ausmaß festzustellen, dass ein akuter Behandlungsbedarf diesbezüglich bestünde. Ferner ist die von ihr geschilderte depressive Störung nicht auf eine Vergewaltigung, die sechs bis sieben Jahre zurückliegt, zu beziehen. (...) Die Antragstellerin leidet nicht an einer akuten Erkrankung, die eine ambulante oder gar stationäre psychotherapeutische Behandlung erforderlich macht. Vielmehr ist sie an einer leichten Depression erkrankt, die durch einen Facharzt für Psychiatrie im medizinisch erforderlichen und ausreichenden Umfang behandelt werden kann. Einer Psychotherapie, ob ambulant oder stationär, bedarf es nicht."[79]

Ebenfalls führt das Thüringer Landessozialgericht in seinem Urteil aus, dass

> „die Symptomatik einer posttraumatischen Belastungsstörung vielfältig auch in der Laienpresse sowie auch in anderen Medien veröffentlicht wurde und eine breite Bekanntheit erlangt hat".[80]

Das Verwaltungsgericht Potsdam wies 2004 ebenfalls eine Klage hinsichtlich psychischer Belastungsstörungen zurück. In diesem Sachverhalt ging es um vier jugoslawische Staatsbürger[81], deren Antrag auf Asyl in Deutschland abgelehnt wurde. Gegen den Ablehnungsbescheid wurde Klage mit der Begründung erhoben, dass sie als Angehörige der Roma im Kosovo weiterhin an Leib und Leben bedroht seien. Einer der Kläger würde zudem an einer depressiven Störung vor dem Hintergrund einer posttraumatischen Belastungsstörung leiden, ein weiterer ebenfalls an einer posttraumatischen Belastungsstörung. Dazu führt das Gericht aus, dass es eine Vielzahl von traumatisierten Personen gäbe, die sich zum damaligen Zeitpunkt auch in einer großen Anzahl gleichzeitig im Kosovo befinden würden. Somit seien auch diese im Abschiebezielstaat lebenden Personen von der gleichen Gefahr gleichermaßen bedroht, sodass dies keine Bewilligung eines Asylantrages begründen würde.

[78] LSG Th., 2005, Rn. 26
[79] LSG Th., 2005
[80] LSG Th., 2005, Rn. 26
[81] Aus der Rechtsprechung 12 K 2435/02.A VG Potsdam wörtlich übernommen.

Weiterhin führt das Gericht aus, dass es sich bei der posttraumatischen Belastungsstörung nicht um eine lebensbedrohliche Erkrankung, sondern um eine chronische Erkrankung handele. Diese sei nicht von der Leistungspflicht nach § 4 AsylbLG erfasst. Auch die ggf. im Abschiebezielstaat nicht vorhandene Therapie oder das Argument, dass die Behandlungskosten dort selbst zu tragen sind, begründen keine Bewilligung eines Asylantrags. Daraus folgend hätten alle Flüchtlinge psychische Belastungen zu ertragen und müssten die Behandlungskosten hierfür auch selbst tragen.[82]

Lediglich über die Öffnungsklausel des § 6 Abs. 1 AsylbLG können weitere Leistungen erbracht werden, jedoch nur, wenn diese unerlässlich und unverzichtbar sind (dies gilt auch für chronische Erkrankungen). Das Gesetz ist dabei restriktiv und einzelfallbezogen anzuwenden.[83] Über diese Öffnungsklausel wurden beispielsweise eine Reihe von Entscheidungen durch Gerichte getroffen (z. B. OVG Lüneburg), die Flüchtlingen eine psychotherapeutische Hilfe zugestanden haben, wenn der Behandlungsbedarf fachärztlich attestiert wurde.[84]

Grundsätzlich ist aber die Prüfung der Leistungsvoraussetzung des § 4 AsylbLG durch die zuständige Behörde vorzunehmen.[85] Die dabei ausgeübte Ermessungsentscheidung muss immer im Einklang mit den Grund- und Menschenrechten stehen, sodass das Gesetz im Zweifel für den Asylberechtigten auszulegen ist.[86] Die freie Arzt- und Krankenhauswahl[87] wird in aller Regel eingeschränkt; diese wird jedoch in der Praxis über die Ausgabe von Behandlungsscheinen an die betroffenen Personen dennoch ermöglicht.[88]

2.3 Gesundheitsversorgung nach § 2 Abs. 1 AsylbLG

§ 2 AsylbLG – Leistungen in besonderen Fällen

> „(1) Abweichend von den §§ 3 und 4 sowie 6 bis 7 ist das Zwölfte Buch Sozialgesetzbuch auf diejenigen Leistungsberechtigten entsprechend anzuwenden, die sich seit 15 Monaten ohne wesentliche Unterbrechung im Bundesgebiet aufhalten und die Dauer des Aufenthalts nicht rechtsmissbräuchlich selbst beeinflusst haben.“

---

[82] vgl. VG Potsdam, 2004
[83] vgl. LSG BW, 2007, Rn. 6
[84] vgl. OVG Lüneburg, 2004, S. 1
[85] vgl. Münder et al., 2008, Rn. 7
[86] vgl. Eichenhofer, 2013, S. 174
[87] vgl. § 76 SGB V
[88] vgl. Münder et al., 2008, Rn. 7

Nach Ablauf der 15 Monate besteht für den leistungsberechtigen Personenkreis nach dem AsylbLG ein Anspruch auf Gesundheitsversorgung nach § 2 Abs. 1 AsylbLG. Das bedeutet, dass für diesen Personenkreis nunmehr SGB XII analog für die Gewährung von Leistungen anzuwenden ist.[89]

Die Krankenbehandlung von Leistungsempfängern nach § 2 Abs. 1 AsylbLG wird dabei von den Krankenkassen im Auftrag des zuständigen Sozialhilfeträgers übernommen. Leistungsberechtigte haben deshalb unverzüglich eine Krankenkasse im Bereich des für die Hilfe zuständigen Trägers der Sozialhilfe nach dem SGB XII zu wählen.[90] Der Anspruch auf Leistungen richtet sich dabei nach den Ansprüchen der gesetzlich Versicherten. Die Leistungspflicht umfasst die in § 11 Abs. 1 SGB V genannten Ansprüche auf Leistungen

- bei „Schwangerschaft und Mutterschaft (§§ 24c bis 24i),
- [bei] Verhütung von Krankheiten und von deren Verschlimmerung sowie zur Empfängnisverhütung, bei Sterilisation und bei Schwangerschaftsabbruch (§§ 20 bis 24b),
- [bei] Erfassung von gesundheitlichen Risiken und Früherkennung von Krankheiten (§§ 25 und 26),
- [bei] Behandlung einer Krankheit (§§ 27 bis 52),
- des persönlichen Budgets nach § 17 Abs. 2 bis 4 des Neunten Buches (SGB IX)“.[91]

Ebenso haben die Leistungsempfänger nach § 2 Abs. 1 AsylbLG die Zuzahlungen nach § 61 SGB V zu tragen. Die Belastungsgrenze für die Entrichtung der Zuzahlungen nach § 62 SGB V ist ebenfalls anzuwenden.[92]

Den gesetzlichen Krankenkassen werden die Leistungsaufwendungen, welche sie für die Empfänger nach § 2 Abs. 1 AsylbLG erbracht haben, von dem für die Hilfe zuständigen Träger der Sozialhilfe erstattet.[93]

2.4 Fazit

Im Rahmen der Gesundheitsversorgung von Leistungsberechtigten ist neben dem Asylgesetz im Weiteren nach dem Asylbewerberleistungsgesetz und hier

---

[89] vgl. § 2 Abs. 1 AsylbLG
[90] vgl. § 264 Abs. 2 und 3 SGB V
[91] § 11 Abs. 1 SGB V
[92] vgl. § 264 Abs. 4 SGB V
[93] vgl. § 264 Abs. 7 SGB V

zwischen den zwei Personenkreisen (§ 4 Abs. 1, 2 AsylbLG und § 2 Abs. 1 AsylbLG) zu unterscheiden. Das bedeutet, direkt bei Ankunft in einer Erstaufnahmeeinrichtung erfolgt die sogenannte Erstuntersuchung. In den ersten 15 Monaten besteht nach § 4 Abs. 1 AsylbLG ein Anspruch auf eine medizinische Notfallversorgung. Das bedeutet, die Behandlung ist auf akute Erkrankungen und Schmerzzustände beschränkt.[94] Die Entscheidung über eine Leistungsgewährung trifft dabei die zuständige Behörde nach pflichtgemäßem Ermessen.[95] Damit wird den Asylbewerbern nach nationalem Recht gegenüber der restlichen Bevölkerung Deutschlands nur ein eingeschränkter Zugang zu den medizinischen Leistungen des deutschen Gesundheitswesens gewährt.[96] Nach 15 Monaten besteht dann ein Leistungsanspruch auf medizinische Versorgung in der Form, wie sie einem gesetzlich Krankenversicherten zusteht.[97] Veranschaulicht wird dies noch einmal in Abbildung 2.1.

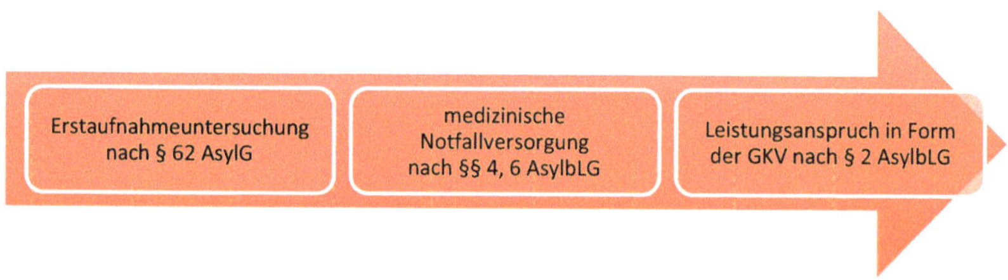

Abbildung 2.1: Gesundheitsversorgung von Asylbewerbern

In der Fortführung der Betrachtung der Gesundheitsversorgung und deren Kosten ist deshalb zwischen den Leistungsausgaben zu differenzieren und bei der Ermittlung der zu erwartenden Kostensteigerung sind verschiedene Ausgangswerte zugrunde zu legen.

[94] vgl. § 4 Abs. 1 AsylbLG
[95] vgl. Eichenhofer, 2013, S. 174
[96] vgl. Ager, 2014, S. 439
[97] vgl. § 2 Abs. 1 AsylbLG

3 Gesundheitslage der Asylberechtigten und gesundheitswirtschaftliche Folgen

In einzelnen Studien (*Pubmed-Recherche*) wird mittlerweile versucht, einen Überblick über den Gesundheitszustand und den Zugang zur medizinischen Versorgung von Asylsuchenden zu erhalten. Diese konzentrieren sich jedoch überwiegend auf psychische Faktoren (z. B. die Studie von Marquardt et al., die im Zeitraum vom September 2011 bis Juli 2014 die physische und psychische Belastung von unbegleiteten Asylsuchenden, die in Bielefeld ankommen, untersucht haben,[98] oder die Studie von Schock et al., die die Auswirkungen neuer traumatischer oder stressiger Lebensereignisse auf Flüchtlinge mit bereits bestehendem posttraumatischen Stresssyndrom analysierten [Ergebnisse einer Längsschnittstudie][99]) sowie auf übertragbare Erkrankungen (z. B. Tuberkulosescreening[100]). Des Weiteren versuchen Studien zu erheben, inwieweit Unterschiede zwischen den Asylsuchenden, aber auch zu anderen Bevölkerungsgruppen im Zugang zur medizinischen Versorgung bestehen (z. B. Untersuchung auf Ungleichheiten[101]) oder wie Asylsuchende den Zugang zur medizinischen Versorgung erleben[102].

Nach wie vor ist aber die aktuelle Daten- und Forschungslage zur gesundheitlichen Versorgung sowie zum Gesundheitszustand von Asylsuchenden – gerade in Deutschland – unzureichend.[103] Konkrete Aussagen zur gesundheitlichen Lage von Asylberechtigten in Deutschland sind daher noch nicht möglich. Es liegen aktuell keine ausreichenden statistischen Daten vor, welche für diese Ausführungen herangezogen werden könnten.[104] Auch Schneider et al. führen in ihrem systematischen Review hinsichtlich eines Überblicks über die empirische Literatur zu dem Gesundheitszustand und der Gesundheitsfürsorge für Asylbewerber in Deutschland aus, dass es bislang kein routinemäßiges Gesundheitsinformationssystem in Deutschland zur Erfassung dieser Informationen von Asylsuchenden gibt.[105]

Aus diesem Grund werden die zehn häufigsten Todesursachen als Haupterkrankungsursachen der oben genannten Länder herausgearbeitet. Ebenso erfolgt eine Darstellung weiterer Gesundheitsrisiken, die sich aus dem vorherigen Leben in dem jeweiligen Land ergeben. Darüber hinaus wird aufgezeigt,

[98] vgl. Marquardt et al., 2016, S. 1 ff.
[99] vgl. Schock et al., 2016, S. 1 ff.
[100] vgl. Bozorgmehr et al., 2017, S. 1 ff.
[101] vgl. Bozorgmehr et al., 2015b, S. 1 ff.
[102] vgl. Spura et al., 2017, S. 462 ff.
[103] vgl. Leopoldina, 2015, S. 7 f.
[104] vgl. RKI, 2015a, S. 177
[105] vgl. Schneider et al., 2014, S. 2

welchen Einfluss der Krieg und die Flucht auf den Gesundheitszustand der Asylberechtigten aus Syrien, Afghanistan, dem Irak und Eritrea haben. Dazu wird auf die einzelnen Länderstatistiken zugegriffen, die die WHO auf ihrer Website veröffentlicht hat. Hier werden für jedes einzelne Land die wichtigsten Gesundheitsdaten deskriptiv sowie analytisch zusammengefasst.[106] Die von der WHO veröffentlichten Todesursachen spiegeln die von den nationalen Behörden registrierten und codierten Werte wider. Die nachfolgenden Ausführungen beschränken sich dabei auf die Top Ten der jeweiligen Todesursachen der Länder unter Ausschluss von Unfällen, Suiziden und Geburtskomplikationen.[107] Diese Daten lassen verwertbare Rückschlüsse auf den Gesundheitszustand der nach Hessen kommenden und dort verbleibenden Asylberechtigten zu.

Syrien

Das Gesundheitssystem in Syrien ist aufgrund des seit 2011 andauernden Kriegs zusammengebrochen. Bis dahin verfügte Syrien über eine relativ gute Gesundheitsversorgung (öffentliche Krankenhäuser und Gesundheitszentren mit angestellten Ärzten und Pflegern). Die Versorgung in den Kliniken war für die syrische Bevölkerung mehrheitlich kostenfrei. Ebenso garantierten die Gesundheitszentren (Polikliniken) mehr oder weniger eine landesweite Basisversorgung. Darüber hinaus wurden die staatlichen Leistungen der Gesundheitsversorgung durch ein System von privaten Gesundheitseinrichtungen und Leistungserbringern ergänzt. Dieses zusätzliche private Leistungsangebot wurde von der Bevölkerung, wer es sich denn leisten konnte, aus eigenen Mitteln finanziert.[108]

Durch die in Syrien vorherrschende gute Gesundheitsversorgung konnten Erkrankungen wie Polio, Tuberkulose und Leishmaniose unter Kontrolle gebracht oder sogar ausgerottet werden. Im regionalen Vergleich zu den Nachbarländern war die Versorgung von Krebs- und Herzpatienten sehr gut ausgebaut, sodass die Mehrheit der Bevölkerung diese auch in Anspruch nehmen konnte.[109]

Im Jahr 2017 ist von dem gut ausgebauten Gesundheitssystem in Syrien durch den anhaltenden Konflikt nicht mehr viel übrig. Aufgrund der Zerstörung von Gesundheitsgebäuden, mangelnder Energieversorgung und einem teilweise eklatanten Mangel an Medikamenten, Verbrauchsmaterialien und

[106] vgl. WHO, 2016a
[107] vgl. WHO, 2016d
[108] vgl. Juratli, 2010, S. 17 ff.; Glasenapp, 2014
[109] vgl. Glasenapp, 2014

medizinischem Personal sind von der zuvor existierenden Gesundheitsinfrastruktur nur noch 40 % funktionsfähig. So haben schätzungsweise allein in den Jahren 2011–2015 die Hälfte der in Syriern arbeitenden Ärzte das Land verlassen. In Belagerungsgebieten wird darüber hinaus die gesundheitliche Versorgung wie z. B. Wasserchlorierung und Masernimpfung blockiert. Dies führt dazu, dass sich die Gesundheitsversorgung der Bevölkerung immer weiter quantitativ und qualitativ verschlechtert.[110] So besteht beispielsweise erneut ein überhöhtes Risiko an zuvor eingedämmten, lebensbedrohlichen Krankheiten wie Masern und Polio zu erkranken. Unter den Umständen des Krieges nehmen chronische Erkrankungen wie Herzerkrankungen und Diabetes ebenfalls wieder lebensbedrohliche Ausmaße an.[111]

Die häufigste Todesursache im Jahr 2012 in Syrien waren die Auswirkungen des Krieges. Mit ca. 43,7 % dieser Todesfälle im Jahr 2012 sind rund 59.000 Menschen umgekommen. Die zweithäufigste Todesursache waren Ischämische Herzerkrankungen mit einem Anteil von 17,4 % der Sterbefälle (ca. 23.500 Menschen). Die weiteren Erkrankungen der Top-Ten-Todesursachen umfassten im Jahr 2012 einen prozentualen Anteil zwischen 1,1 und 6,8 % der Sterbefälle.[112] Tabelle 3.1 weist alle diese Erkrankungen mit ihrem prozentualen Anteil an den Sterbefällen im Jahr 2012 aus.

Tabelle 3.1: Auszug aus den Top-Ten-Todesursachen Syrien[113]

Todesursachen	Prozent
Krieg	43,7 %
Ischämische Herzerkrankung	17,4 %
Schlaganfall	6,8 %
Trachea-, Bronchial-, Lungenkrebs	1,3 %
Infekt der unteren Atemwege	1,2 %
Nierenerkrankung	1,2 %
Darm-Rektum-Krebs	1,1 %
Brustkrebs	1,1 %

[110] vgl. Malteser International, 2017; Hillienhof, 2017, S. A735
[111] vgl. WHO, 2015b, S. 9
[112] vgl. WHO, 2015g, S. 3
[113] vgl. WHO, 2015g, S. 3

Aufgrund der Erkrankungen der Top-Ten-Todesursachen ist davon auszugehen, dass folglich ein hoher Anteil der Asylberechtigten aus Syrien eine Prävalenz[114] für chronische Erkrankungen mitbringt, welche ggf. sogar schon unmittelbar behandlungsbedürftig sind. Als chronische Erkrankung wird dabei eine länger andauernde, schwer heilbare Krankheit bezeichnet.[115] Zusätzlich birgt die niedrige Impfquote ein überhöhtes Risiko, in Syrien selbst, während der Flucht, aber auch in Deutschland an einer Infektionskrankheit zu erkranken.

Afghanistan

Das Gesundheitssystem in Afghanistan ist geprägt von einer unzureichenden Infrastruktur mit verfallenen Gesundheitseinrichtungen, die ungleichmäßig über das Land verteilt sind. Daher ist die Inanspruchnahme der Gesundheitsleistungen erschwert. Es herrschen zudem ein chronischer Mangel an qualifiziertem Personal und Dienstleistern im Gesundheitswesen sowie ein schlechtes Informationssystem vor, was die Gesundheitsversorgung erheblich beeinträchtigt.[116] Die Gesundheitsausgaben betragen nur 0,5 % des Bruttoinlandsprodukts und entsprechen 1 US-Dollar pro Kopf.[117] In Deutschland beträgt der Anteil der Gesundheitsausgaben am Bruttoinlandsprodukt im Jahr 2015 insgesamt 11,3 %.[118]

Neben einer akuten und chronischen Unterernährung der Bevölkerung dominieren in Afghanistan übertragbare Krankheiten wie Tuberkulose und Malaria. Ebenfalls herrschen Erkrankungen wie Masern, Meningitis und Keuchhusten vor. Die Routineimmunisierung (= Impfquote) von Diphtherie, Pertussis und Tetanus erreicht nur 30 %.[119]

Die Top-Ten-Todesursachen im Jahr 2012 waren mit 11,6 % die Infektionen der unteren Atemwege. Hieran starben 2012 ca. 28.800 Menschen. Auf Platz 2 folgen die Ischämischen Herzerkrankungen mit 8,1 % und 20.300 Todesfällen. Die weiteren Haupttodesursachen erreichten Sterbequoten zwischen 4,4 und 6,4 %.[120] Diese sind in Tabelle 3.2 zusammengefasst.

---

[114] Die Prävalenz gibt an, wie häufig eine Krankheit zu einem bestimmten Zeitpunkt oder in einem bestimmten Zeitraum in einer definierten Bevölkerungsgruppe auftritt (vgl. AOK Bundesverband, 2016b).

[115] vgl. AOK Bundesverband, 2016a

[116] 1,00 $ entspricht ca. 0,89 € (Stand: 22.03.2016)

[117] vgl. WHO, 2016b

[118] vgl. StBa, 2017d

[119] vgl. WHO, 2016b

[120] vgl. WHO, 2015a, S. 4

Tabelle 3.2: Auszug aus den Top-Ten-Todesursachen Afghanistan[121]

Todesursachen	Prozent
Infekt der unteren Atemwege	11,6 %
Ischämische Herzerkrankung	8,1 %
Durchfallerkrankungen	6,4 %
Schlaganfall	6,2 %
Krieg	5,9 %
Tuberkulose	4,4 %

Obwohl der Wert hier niedriger ist als in Syrien, ist auch bei den Asylberechtigten aus Afghanistan davon auszugehen, dass sie eine hohe Prävalenz für chronische Erkrankungen wie die Ischämischen Herzerkrankungen mitbringen (vgl. Tab. 3.2). Darüber hinaus dominieren Infektionskrankheiten, welche auf die niedrige Impfquote in Afghanistan zurückzuführen sind.

Irak

Auch das irakische Gesundheitssystem ist durch den Krieg schwer in Mitleidenschaft gezogen worden. Mit Unterstützung der WHO wird sukzessive am Wiederaufbau der Gesundheitsversorgung gearbeitet. So wurde beispielsweise eine Polio-Impfkampagne gestartet[122] und mobile medizinische Kliniken für die medizinische Versorgung in den Flüchtlingslagern errichtet.[123]

Auch hier sind die Top-Ten-Todesursachen ähnlich wie in Syrien und Afghanistan. Zu ihnen zählen die Ischämischen Herzerkrankungen mit 16,5 %. Hieran starben im Jahr 2012 rund 27.500 Menschen. Als zweithäufigste Todesursache ist der Schlaganfall mit 10 % anzuführen. Im Jahr 2012 wurden aufgrund dieser Erkrankung rund 16.800 Todesfälle verzeichnet. Außerdem ist der Infekt der unteren Atemwege mit einer hohen Erkrankungsquote zu benennen. Im Weiteren lag der Prozentsatz der Haupttodesursachen im Top-Ten-Bereich zwischen 3,1 und 6 %.[124] Hierzu gibt Tabelle 3.3 einen entsprechenden Überblick.

121 vgl. WHO, 2015a, S. 3
122 vgl. WHO, 2015f, S. 1 ff.
123 vgl. WHO, 2016c
124 vgl. WHO, 2015e, S. 3

Tabelle 3.3: Auszug aus den Top-Ten-Todesursachen Irak[125]

Todesursachen	Prozent
Ischämische Herzerkrankung	16,5 %
Schlaganfall	10,0 %
Krieg	6,0 %
Infekt der unteren Atemwege	4,6 %
Diabetes mellitus	3,5 %
Nierenerkrankung	3,1 %

Eritrea

In Eritrea herrscht seit 16 Jahren Frieden. Die Lebensbedingungen unter dem autoritären Regime haben sich jedoch seitdem nicht verbessert.[126] Gemäß dem *Human Development Report 2016*, veröffentlicht durch die United Nations Development Programme (UNDP), belegt Eritrea im Jahr 2015 Platz 179 von 188 in der menschlichen Entwicklung.[127] So besteht in Eritrea kein nachhaltiger Zugang zu den medizinischen Leistungen des Gesundheitswesens. Oftmals muss die Bevölkerung lange Wege auf sich nehmen, um ein Krankenhaus oder eine Klinik zu erreichen. Viele Menschen können sich zudem aus finanziellen Gründen keine ärztliche Behandlung leisten.[128] Ebenso wie in Afghanistan führen auch in Eritrea die Infekte der unteren Atemwege die Top-Ten-Todesursachen mit 11,5 % an. Hieran starben im Jahr 2012 rund 4.600 Menschen. Als zweite Haupttodesursache werden in Eritrea Durchfallerkrankungen (mit 8 %) genannt. Diese umfassten ca. 3.200 Todesfälle im Jahr 2012.[129] Weitere Haupttodesursachen sind in Tabelle 3.4 zusammengefasst. Ihr prozentualer Anteil lag im Jahr 2012 zwischen 2,6 und 6,8 %.

Wie in den Ländern Syrien, Afghanistan und Irak gehört auch in Eritrea die chronische Ischämische Herzerkrankung zu den Haupttodesursachen (vgl. Tab. 3.4). Damit bringen die Asylberechtigten aus Eritrea hier ebenfalls eine hohe Prävalenz für diese Erkrankung mit. Darüber hinaus dominieren neben den Infekten der unteren Atemwege Infektionskrankheiten wie Durchfallerkrankungen und HIV/AIDS.

[125] vgl. WHO, 2015e, S. 3
[126] vgl. Scheen, 2014
[127] vgl. UNDP, 2016, S. 200 ff.
[128] vgl. Sambo, 2011, S. 2 f.
[129] vgl. WHO, 2015c, S. 3

Tabelle 3.4: Auszug aus den Top-Ten-Todesursachen Eritrea[130]

Todesursachen	Prozent
Infekt der unteren Atemwege	11,5 %
Durchfallerkrankungen	8,0 %
Schlaganfall	6,8 %
HIV/AIDS	5,3 %
Protein-Energie-Mangelernährung	4,8 %
Ischämische Herzerkrankung	4,1 %
Meningitis	2,6 %

3.1 Gesundheitliche Risiken bei Asylberechtigten

Neben den Darstellungen der häufigsten Todesursachen (Top-Ten) in den zuvor genannten Ländern ist die WHO in den einzelnen Statistikprofilen auch auf die Gesundheitsrisiken infolge von erhöhtem Blutzucker, Bluthochdruck, Fettleibigkeit sowie Tabakkonsum in der Bevölkerung eingegangen. Die WHO hat dabei den prozentualen Anteil des Gesundheitsrisikos an der jeweiligen Bevölkerung unterteilt nach Männern und Frauen vorgenommen. Die einzelnen Werte können Tabelle 3.5 entnommen werden.

Tabelle 3.5: Gesundheitsrisiken der Asylberechtigten aus Syrien, Afghanistan, dem Irak und Eritrea in Prozent[131]

Land	Geschlecht	erhöhter Blutzucker	Bluthochdruck	Fettleibigkeit	Tabakkonsum
Syrien	m	12,9 %	31,8 %	23,8 %	0 %
	w	12,8 %	29,6 %	39,0 %	0 %
Afghanistan	m	8,9 %	27,2 %	1,5 %	0 %
	w	9,5 %	27,9 %	3,3 %	0 %
Irak	m	12,7 %	30,1 %	22,3 %	31,0 %
	w	12,5 %	28,7 %	36,2 %	4,0 %
Eritrea	m	7,8 %	32,2 %	1,3 %	13,0 %
	w	7,3 %	28,1 %	2,3 %	1,0 %

[130] vgl. WHO, 2015c, S. 3
[131] vgl. WHO, 2015a, 2015c, 2015e, 2015g, S. 3

Aus Tabelle 3.5 wird ersichtlich, dass von dem Gesundheitsrisiko Bluthochdruck in allen vier Ländern fast 30 % der Bevölkerung betroffen sind. Dabei ist die männliche Bevölkerung – mit Ausnahme der afghanischen – grundsätzlich öfter als die weibliche betroffen. Insgesamt kann hier dennoch von einem erhöhten Risiko auch unter den Asylberechtigten aus diesen vier Ländern gesprochen werden. Ein weiteres hohes Risiko stellt die Fettleibigkeit unter den Frauen aus Syrien und dem Irak dar. Ihr Anteil beträgt in beiden Ländern knapp 40 % und betrifft damit fast die Hälfte der weiblichen Bevölkerung. Damit einhergehend birgt auch das durch erhöhten Blutzucker bedingte Gesundheitsrisiko für die Bevölkerung in Syrien und dem Irak eine erhöhte Gefahr. Hier sind fast 13 % der männlichen und der weiblichen Bevölkerung betroffen. Das auf Tabakkonsum zurückgehende Gesundheitsrisiko betrifft nur die männliche Bevölkerung im Irak. Hier rauchen ca. 31 % der Männer. In den anderen Ländern spielt der Tabakkonsum als Risikofaktor eine untergeordnete (Eritrea) bis überhaupt keine Rolle (Syrien, Afghanistan), weder bei Männern noch bei Frauen (vgl. Tab. 3.5).

Damit kann abschließend festgestellt werden, dass der Bluthochdruck in allen vier Ländern, die Fettleibigkeit in Syrien und im Irak und der Tabakkonsum der männlichen Bevölkerung im Irak ein hohes Gesundheitsrisiko bei den Asylberechtigten darstellen.

3.2 Gesundheitliche Schädigungen durch Krieg und Flucht

Die Flüchtlinge, die sich auf den Weg nach Europa machen, um dort in Sicherheit vor Krieg, Hunger und anderen (Gesundheits-)Gefahren zu sein, nehmen eine gefährliche Reise auf sich. In Abbildung 3.1 sind die einzelnen Routen dargestellt, auf denen sich die Flüchtlinge nach Europa und auch nach Deutschland begeben.

Abbildung 3.1: Fluchtwege[132]

Der Hauptfluchtweg ist dabei der Weg über das Mittelmeer. Über diese Route kamen im Jahr 2014 etwa 218.000 und im Jahr 2015 etwa 264.500 Menschen von Afrika und Asien nach Europa. Allein 2014 verloren dabei 3.500 Menschen ihr Leben,[133] seit dem Jahr 2000 insgesamt mehr als 22.000 Menschen.[134] Diejenigen, die mit dem Boot nach Europa kommen, leiden nach

[132] Geus, 2016, S. 15
[133] vgl. Geus, 2016, S. 14
[134] vgl. Ärzte ohne Grenzen, 2015, S. 2

Angaben der Organisation *Ärzte ohne Grenzen* an Dehydrierungen, Unterkühlungen, Durchfall, Seekrankheit, Krätze und anderen Hautinfektionen, Diabetes, Schwangerschaftskomplikationen und Verletzungen.[135]

Eine weitere, häufig genutzte Route der Flüchtlinge ist die sogenannte Balkanroute. Hier kommen die Flüchtlinge auf Schleichwegen über die Berge. Dabei gibt es gerade in den Wintermonaten bei oftmals –20° C gesundheitliche Schädigungen wie z. B. Atemwegsinfektionen, Frostbeulen oder abgefrorene Gliedmaßen. Die Menschen, die diese Route einschlagen, sind infolge der langen Reise völlig erschöpft.[136] Durch die geschlossenen Grenzübergänge an der griechisch-mazedonischen Grenze strandeten im Frühjahr 2016 mehr als 11.000 Flüchtlinge in Idomeni. Die Zustände dort waren als prekär zu bezeichnen. Es herrschten unzureichende hygienische Bedingungen und es gab zu wenige Unterkünfte, weshalb viele Menschen bei Kälte im Freien schlafen mussten. Dies führte zu einem weiteren Anstieg gesundheitlicher Beschwerden und Risiken. Auch hier kamen neben den bereits erwähnten Atemwegsinfektionen noch Fieber und Erkältungen sowie Magen-Darm-Entzündungen hinzu.[137] Im Zeitraum von Mai bis Juli 2016 wurde das Lager in Idomeni jedoch von den griechischen Behörden geräumt.[138]

Aufgrund der unzureichenden Gesundheitsversorgung in den vier Flüchtlingsländern sind die Flüchtlinge, insbesondere auch die Asylberechtigten, eine stark gefährdete Gruppe für weitere Infektionskrankheiten. Neben den bereits genannten Erkrankungen können weitere impfprävalente Erkrankungen (z. B. Masern, Keuchhusten usw.) sowie respiratorische Erkrankungen (Tuberkulose) hinzukommen.[139]

Alleinreisende Frauen bzw. Frauen mit Kindern sowie unbegleitete minderjährige Kinder tragen darüber hinaus ein besonderes Risiko bei der Flucht. Diese Frauen sind überdurchschnittlich häufig körperlicher, sexueller und psychischer Gewalt ausgesetzt.[140] Die jungen Flüchtlinge, meist unter 18 Jahren, werden häufig Opfer von Menschenhandel, Ausbeutung oder Gewalt.[141] Dies führt zu traumatischen Erkrankungen und psychischen Störungen. Weitere traumatische Erlebnisse, insbesondere durch die Kriege in den Heimatländern und die Situationen von kenternden Booten und Ertrunkenen während der Flucht, verstärken dies zusätzlich. Darüber hinaus haben die

[135] vgl. Ärzte ohne Grenzen, 2015, S. 3 ff.
[136] vgl. Ärzte ohne Grenzen, 2016a, S. 1 ff.
[137] vgl. Ärzte ohne Grenzen, 2016b
[138] vgl. Amnesty International, 2017
[139] vgl. Beermann et al., 2015, S. A1717 ff.
[140] vgl. Schmollack, 2016, S. 149
[141] vgl. Hödl, 2016, S. 154

schlechten Aufnahmebedingungen in den Erstaufnahmeeinrichtungen, die von sehr beengten Räumlichkeiten ohne Privatsphäre und sozialer Unterstützung geprägt sind, ebenfalls einen nachhaltigen Einfluss auf die psychische Gesundheit der Flüchtlinge.[142] Frank Neuner, Professor für Klinische Psychologie und Psychotherapie an der Universität Bielefeld, geht davon aus, dass 20–40 % der Erwachsenen und 20–30 % der Kinder unter den Flüchtlingen von sogenannten Traumafolgestörungen betroffen sind. Umgerechnet auf die im Jahr 2015 angekommenen Flüchtlinge entspräche dies einer Behandlungszahl von ca. 200.000 Personen.[143]

Damit kommt bei Asylberechtigten neben den in den vorherigen Kapiteln dargestellten Erkrankungen und Gesundheitsrisiken eine Vielzahl weiterer Erkrankungen hinzu. Viele Erkrankungen wie z. B. jene, die auf den schlechten hygienischen Bedingungen beruhen, können jedoch beschwerde- sowie folgenfrei ärztlich behandelt werden. Ebenso lassen sich die Atemwegsinfektionen, das Fieber und die Erkältungen problemlos versorgen. Die impfprävalenten sowie respiratorischen Erkrankungen stellen hier jedoch ein weiteres langfristiges Risiko für die Gesundheit der Asylberechtigten dar, sofern sie nicht behandelt werden. Dazu zählt ebenfalls die oben angeführte Traumafolgestörung.

3.3 Gesundheitsstatus der Bevölkerung in Deutschland und Hessen

Das Gesundheitssystem in Deutschland ist eines der besten im internationalen Vergleich. Die medizinischen Leistungen sind sehr umfangreich und von hoher Qualität. Jeder Bürger hat unabhängig vom Einkommen oder Versichertenstatus Zugang zu dieser Versorgung; es wird lediglich eine finanzierbare Selbstbeteiligung gefordert.[144] Auch für Deutschland hat die WHO ein sogenanntes *Statistical Profil* mit den zehn häufigsten Todesursachen erstellt. Danach ist die Haupttodesursache in Deutschland die Ischämische Herzerkrankung. Im Jahr 2012 starben 15,3 % (= 132.900 Menschen) an dieser Erkrankung. Die weiteren Todesursachen umfassen jeweils Sterbequoten zwischen 2,3 und 6,9 % (vgl. Tab. 3.6).[145]

---

[142] vgl. Schouler-Ocak, 2015, S. 3
[143] vgl. Gross, 2016; Ärzte ohne Grenzen, 2015, S. 3 ff.
[144] vgl. BMG, 2015
[145] vgl. WHO, 2015d, S. 3

Tabelle 3.6: Auszug aus den Top-Ten-Todesursachen Deutschland[146]

Todesursachen	Prozent
Ischämische Herzerkrankung	15,3 %
Schlaganfall	6,9 %
Trachea-, Bronchial-, Lungenkrebs	5,3 %
Hypertonie	4,0 %
Alzheimer und andere Demenzen	3,7 %
chronisch obstruktive Lungenkrankheit	3,5 %
Darm-Rektum-Krebs	3,3 %
Diabetes mellitus	2,8 %
Infekt der unteren Atemwege	2,4 %
Brustkrebs	2,3 %

Nach dem Gesundheitsbericht 2016 für das Land Hessen ergeben sich neben dem WHO *Statistical Profil* für das Jahr 2012 die in Tabelle 3.7 dargestellten Todesursachen nach ICD-10[147] und Geschlecht für das Land Hessen im Jahr 2013.[148]

Damit gehören die für Deutschland aufgelisteten häufigsten Todesursachen, bis auf den Schlaganfall, auch in Hessen zu den häufigsten genannten Todesursachen. Ein Blick auf die weiteren Gesundheitsrisiken zeigt, dass auch in Deutschland Männer mehr von den Gesundheitsrisiken betroffen sind als Frauen (vgl. Tab. 3.8).

Über 30 % der Männer in Deutschland tragen ein mit erhöhtem Blutdruck einhergehendes Gesundheitsrisiko und ca. 35 % sind Raucher. Damit sind diese beiden Gesundheitsrisiken von hoher Bedeutung für die medizinische Versorgung der Bevölkerung in Deutschland. Aber auch die deutschen Frauen sind, im Gegensatz zu den Frauen aus Syrien, Afghanistan, dem Irak und Eritrea, durch den Tabakkonsum gefährdet. Ein weiteres Risiko stellt die Fettleibigkeit dar, deren Anteil jeweils rund 20 % bei Männern und Frauen beträgt.

---

[146] vgl. WHO, 2015d, S. 3

[147] Der ICD-10 ist die amtliche Klassifikation zur Verschlüsselung von Diagnosen in der ambulanten und stationären Versorgung in Deutschland (vgl. DIMDI, 2016).

[148] vgl. HMSI, 2016a, S. 189

Tabelle 3.7: Häufigste Todesursache nach ICD-10 und Geschlecht in Hessen 2013[149]

Einzeldiagnose nach ICD-10	Männer	Frauen
chronische Ischämische Herzkrankheit	9,5 %	8,2 %
akuter Myokardinfarkt	6,7 %	4,7 %
bösartige Neubildung der Bronchien und der Lunge	6,5 %	3,4 %
sonstige chronische obstruktive Lungenkrankheiten	3,9 %	3,1 %
Herzinsuffizienz	3,3 %	5,8 %
bösartige Neubildung der Prostata	3,2 %	–
bösartige Neubildung der Brustdrüse (Mamma)	–	3,9 %
nicht näher bezeichneter Diabetes mellitus	2,4 %	2,6 %
Hypertensive Herzkrankheit	–	4,2 %
nicht näher bezeichnete Demenz	2,3 %	4,9 %
bösartige Neubildung des Kolons	2,1 %	–
Pneumonie, Erreger nicht näher bezeichnet	2,0 %	–
Vorhofflattern und Vorhofflimmern	–	2,8 %

Tabelle 3.8: Gesundheitsrisiken Deutschland[150]

Land	Geschlecht	erhöhter Blutzucker	Bluthoch-druck	Fett-leibigkeit	Tabak-konsum
Deutschland	m	9,8 %	31,1 %	23,1 %	35,0 %
	w	6,3 %	20,7 %	19,2 %	25,0 %

149 vgl. HMSI, 2016a, S. 189
150 vgl. WHO, 2015d, S. 2

3.4 Bedeutung und Auswirkungen für das hessische Gesundheitssystem

Ausgehend von den zuvor dargelegten Ausführungen bezüglich des Gesundheitsstatus der Asylberechtigten werden nun die Auswirkungen für das hessische Gesundheitssystem erörtert.

In einem ersten Schritt werden alle gesundheitlichen Todesursachen der Top-Ten-Liste der einzelnen Länder inklusive Deutschland und Hessen in Tabelle 3.9 zusammengefasst. Um die Auswirkungen der Erkrankungen der Asylberechtigten aus Syrien, Afghanistan, dem Irak und Eritrea auf das hessische Gesundheitssystem zu verdeutlichen, wird auf das Ampelsystem (rot = hohes Ausmaß; gelb = gleiches Ausmaß; grün = geringes Ausmaß) zurückgegriffen. Dabei ist eine Erkrankung in die Kategorie rot einzustufen, wenn die Sterbequote über der in Deutschland liegt. Das bedeutet, von dieser Erkrankung sind prozentual mehr Asylberechtigte betroffen als Deutsche. Damit geht eine sehr hohe Belastung für das hessische Gesundheitswesen einher. Die Einstufung in die Kategorie gelb erfolgt, wenn die Erkrankung gleich oder geringfügig unter der Sterbequote in Deutschland liegt. Hier ist ebenfalls eine zusätzliche Belastung für das Gesundheitssystem in Hessen anzunehmen. Die Auswirkungen werden jedoch als moderat angesehen. Mit grün werden jene Erkrankungen markiert, die unter der Sterbequote von Deutschland liegen. Sie haben zwar ebenfalls einen Einfluss auf das hessische Gesundheitssystem, weil Asylberechtigte eine Prävalenz für diese Erkrankungen mitbringen, jedoch ist der prozentuale Anteil als gering einzustufen. Es wird daher nicht von einer hohen (finanziellen) Belastung für das hessische Gesundheitssystem ausgegangen.

Aus Tabelle 3.9 wird deutlich, dass die Erkrankungen der Niere, die Protein-Energie-Mangelernährung, Meningitis sowie infektiöse und parasitäre Krankheiten (Durchfallerkrankungen, Tuberkulose, HIV/AIDS) in Deutschland nicht zu den zehn häufigsten Todesursachen zählen. Da nunmehr Asylberechtigte diese Erkrankungen bzw. Mortalität[151] für diese Erkrankungen mitbringen und damit in Deutschland übermäßig behandlungsbedürftig sind, haben diese Erkrankungen grundsätzlich hohe Auswirkungen auf das hessische Gesundheitswesen. Aus diesem Grund werden sie rot markiert. Ebenfalls rot markiert sind die Erkrankungen Ischämische Herzerkrankung, Schlaganfall, Diabetes mellitus sowie der Infekt der unteren Atemwege in den Ländern, in denen die Sterblichkeitsquote über der in Deutschland liegt. Auch

[151] Mortalität bezeichnet die in einer Bevölkerung registrierten Sterbefälle in einer Periode (vgl. Schmidt, o. J.).

hier haben diese Erkrankungen eine überhöhte gesundheitliche Versorgung von Asylberechtigten zur Folge, was eine erhöhte finanzielle Belastung für das hessische Gesundheitssystem bedeutet.

Tabelle 3.9: Gegenüberstellung der häufigsten Todesursachen

Erkrankung	Syrien	Eritrea	Irak	Afghanis-tan	Deutschland	Hes-sen
Neubildungen						
Trachea-, Bronchial-, Lungenkrebs	**1,3 %**	–	–	–	5,3 %	4,95 %
Brustkrebs	**1,5 %**	–	–	–	2,3 %	3,9 %
Darm-Rektum-Krebs	**1,1 %**	–	–	–	3,3 %	2,1 %
Krankheiten des Kreislaufsystems						
Ischämische Herzerkrankung	**17,4 %**	**4,1 %**	**16,5 %**	**8,1 %**	15,3 %	8,85 %
Schlaganfall	**6,8 %**	**6,8 %**	**10,0 %**	**6,2 %**	6,9 %	
Krankheiten des Urogenitalsystems						
Nierenerkrankung	**1,2 %**	–	**3,1 %**	–	–	–
Endokrine, Ernährungs- und Stoffwechselerkrankungen						
Diabetes mellitus	–	–	**5,9 %**	–	2,8 %	3,6 %
Protein-Energie-Mangelernährung	–	**4,8 %**	–		–	–
Krankheiten des Atmungssystems						
Infekt der unteren Atemweg	**1,2 %**	**11,5 %**	**4,6 %**	**11,6 %**	2,4 %	3,5 %
Krankheiten des Nervensystems						
Meningitis	–	**2,6 %**	–	–	–	–
bestimmte infektiöse und parasitäre Krankheiten						
Durchfallerkrankungen	–	**8,0 %**	–	**6,4 %**	–	–
Tuberkulose	–	–	–	**4,4 %**	–	–
HIV/AIDS	–	**5,3 %**	–	–	–	–
Sonstiges						
Krieg	43,7 %	–	6,0 %	5,9 %	–	–

rot = hohes Ausmaß; gelb = gleiches Ausmaß; grün = geringes Ausmaß

Neben diesen Erkrankungen führen auch die Gesundheitsrisiken zu einer zusätzlichen (finanziellen) Herausforderung in der medizinischen Versorgung von Asylberechtigten im Land Hessen. Tabelle 3.10 gibt ebenfalls einen Überblick über das zu erwartende Ausmaß auf Basis des Ampelsystems an.

Tabelle 3.10: Gegenüberstellung der Gesundheitsrisiken

Erkrankung	Syrien	Eritrea	Irak	Afghanistan	Deutschland
erhöhter Blutzucker	12,85 %	7,55 %	12,6 %	9,2 %	8,05 %
Bluthochdruck	30,7 %	30,15 %	29,4 %	27,55 %	25,9 %
Fettleibigkeit	31,4 %	1,8 %	29,25 %	2,4 %	21,15 %
Tabakkonsum	0 %	7,0 %	17,5 %	0 %	30,0 %

rot = hohes Ausmaß; gelb = gleiches Ausmaß; grün = geringes Ausmaß

Damit wird deutlich, dass der erhöhte Blutzuckerwert sowie der Bluthochdruck ein großes Gesundheitsrisiko gegenüber der deutschen Bevölkerung darstellen. Ein noch größeres Gesundheitsrisiko stellen die Fettleibigkeit von Asylberechtigten aus Syrien und dem Irak dar. Lediglich der Tabakkonsum stellt kein zusätzliches Gesundheitsrisiko dar.

Neben den vorgenannten Erkrankungen haben auch die gesundheitlichen Belastungen durch Krieg und Flucht (vgl. Kap. 3.2) Auswirkungen auf die gesundheitliche Versorgung im Land Hessen. Insbesondere die Traumafolgestörungen sowie die Infektionskrankheiten bedürfen einer langfristigen Behandlungsdauer. Grundsätzlich ist bei allen Erkrankungen zwischen einer kurzfristigen (z. B. bei Fieber, Erkältungen) und langfristigen Behandlungsphase (z. B. bei chronischen Erkrankungen, Schlaganfällen, HIV/AIDS usw.) zu unterscheiden.

3.5 Fazit

Es konnte festgestellt werden, dass Asylberechtigte aus den vier Ländern Erkrankungen und Gesundheitsrisiken mitbringen, die entweder einen kurzzeitigen Behandlungsbedarf benötigen oder von langfristiger Behandlungsdauer sein werden. Dabei ist bei den Erkrankungen zusätzlich zu unterscheiden, ob ein akuter Behandlungsbedarf besteht. Denn nur dieser Fall wird nach §§ 4 und 6 AsylbLG in den ersten 15 Monaten abgedeckt. Erkrankungen und Gesundheitsrisiken, die keinen akuten Behandlungsbedarf hervorrufen, dennoch dem Grunde nach behandlungsbedürftig sind, z. B. chronische Erkrankungen oder erhöhter Blutzucker, werden erst nach 15 Monaten medizinisch versorgt. Erst dann besteht ein Leistungsanspruch nach § 2 AsylbLG.[152]

In der Leistungsabgrenzung zwischen § 2 und 4 AsylbLG wird deutlich, dass sich ein späterer vollständiger Zugang zur Gesundheitsversorgung negativ auf den Gesundheitszustand des Asylbewerbers auswirken kann. Unterbleibt beispielsweise eine medizinische Versorgung in den ersten 15 Monaten, so kann diese Nichtbehandlung zu einer Verschlimmerung der Erkrankung und damit später zu höheren Behandlungskosten führen. Ebenfalls können Komorbiditäten auftreten, die ebenfalls zu einer Verschlimmerung des Gesundheitszustands führen können. Auf der anderen Seite kann die bessere medizinische Versorgung in Deutschland aber auch das Ausmaß einer Erkrankung schmälern oder diese sogar beseitigen. So kann beispielsweise die in Eritrea vorherrschende Protein-Energie-Mangelernährung (Unterernährung) in Deutschland aufgrund der sehr guten Lebensverhältnisse beseitigt werden. Diese Aspekte sind ebenfalls grundsätzlich bei den Auswirkungen auf das deutsche Gesundheitssystem zu berücksichtigen.

[152] vgl. §§ 2, 4 AsylbLG

4 Entwicklung der Leistungsausgaben und der Krankheitskosten

Zur Berechnung der Leistungsausgaben und der Krankheitskosten für Asylberechtigte für die Jahre 2015 und 2016 werden die Flüchtlingszahlen bzw. die Zahlen der Asylberechtigten des jeweiligen Jahres herangezogen. Für die Krankheitskostenberechnung werden die in Kapitel 3.2 genannten Erkrankungen nur zum Teil berücksichtigt. Zu den anderen genannten Erkrankungen liegen keine eindeutigen Zahlen vor, die für eine zielführende Berechnung zugrunde gelegt werden könnten.

4.1 Kosten der Erstaufnahmeuntersuchung

Gemäß dem Erlass vom 23.02.09 über die ärztliche Untersuchung von Asylbewerbern und anderen Personen nach Einreise in Hessen werden im Rahmen der Erstaufnahmeuntersuchung in den Erstaufnahmeeinrichtungen folgende Untersuchungen durchgeführt:

- allgemein orientierte körperliche Untersuchung
- Röntgenthorax-Aufnahme oder eine intrakutane Tuberkulinprobe
- weitergehende Untersuchung im Verdachtsfall nach Maßgabe des untersuchenden Arztes im Einzelfall
- Überprüfung des Impfstatus, Impfempfehlung und gegebenenfalls Impfung[153]

Um für die einzelnen Untersuchungen eine entsprechende Kostenberechnung durchführen zu können, wurde eine Anfrage an das Regierungspräsidium Gießen gerichtet, die die Fach- und Dienstaufsicht über die Hessische Erstaufnahme für Flüchtlinge in Gießen und deren Außenstellen ausübt.[154] Dem Regierungspräsidiums Gießen zufolge ist die Übersendung einer Aufstellung der Kosten für die ärztliche Erstuntersuchung der Asylsuchenden in Hessen nicht möglich. Um dennoch eine Kostenberechnung bzw. -schätzung vornehmen zu können, wird auf den Rahmenvertrag *Ärztliche Versorgung von Asylbewerbern* zwischen der Kassenärztlichen Vereinigung Nordrhein, der Kassenärztlichen Vereinigung Westfalen-Lippe und dem Land Nordrhein-Westfalen (Kostenträger) zurückgegriffen, indem für oben genannten Untersuchungen Vergütungen vereinbart wurden.[155]

---

[153] vgl. HMAFG, 2009, S. 544.
[154] vgl. Regierungspräsidium Gießen, o. J.
[155] vgl. KVWL, 2016, S. 1.

Bei den Leistungen zur Feststellung einer Tuberkulose ist zwischen verschiedenen Methoden und nach dem Alter der Asylsuchenden zu unterscheiden: Röntgen-Thorax-Aufnahme, intrakutane Tuberkulinprobe und/oder Interferon-Gamma-Test.[156] Paragraf 36 Abs. 4 IFSG schreibt vor, dass ab dem 15. Lebensjahr zum Nachweis, wenn keine Anhaltspunkte für das Vorliegen einer ansteckungsfähigen Lungentuberkulose vorhanden sind, eine Röntgenaufnahme des Thorax zu erfolgen hat. Bei Schwangeren und bei Kindern und Jugendlichen unter 15 Jahren ist von einer Röntgenaufnahme abzusehen. Daher wird entweder eine intrakutane Tuberkulinprobe oder ein Interferon-Gamma-Test durchgeführt. An dieser Stelle unterscheidet sich der zuvor genannte Erlass von der Rahmenvereinbarung des Landes Nordrhein-Westfalen.[157]

Bei der intrakutanen Tuberkulinprobe handelt es sich um eine Injektion in den Unterarm. Das Ergebnis kann hier frühestens nach 72 Stunden abgelesen werden.[158] Der Interferon-Gamma-Test ist ein Bluttest zum Nachweis von Tuberkulose-Erregern.[159] Die Kosten für die intrakutane Tuberkulinprobe können derzeit noch nicht ermittelt werden, sodass für die Kostenberechnung die Vergütung für den Interferon-Gamma-Test zugrunde gelegt wird.

Die einzelnen Leistungen der Erstaufnahmeuntersuchung werden nach der oben genannten Rahmenvereinbarung unterschiedlich vergütet (vgl. Tab. 4.1).

Um die Entwicklung der Kosten darzustellen, wird für Hessen eine Berechnung der Kosten der Erstaufnahmeuntersuchung für die Jahre 2014–2016 vorgenommen. Dabei wird in der Kostenberechnung der Tuberkulose-Untersuchung (Röntgen bzw. Interferon-Gamma-Test) nur zwischen dem Alter unterschieden, da die Zahl der schwangeren Frauen nicht bekannt ist. Im Jahr 2014 waren 27,9 % der Flüchtlinge unter 16 Jahren[160]; der Anteil der Flüchtlinge aus den vier Ländern betrug insgesamt 38,7 %.[161] Grundlage für die Kostenberechnung für das Land Hessen sind die Flüchtlingszahlen Hessens aus dem Jahr 2014 (vgl. Abb. 1.3) sowie die in Tabelle 4.1 angegebenen Vergütungen.

---

[156] vgl. RKI, 2013b
[157] vgl. Ferlinz, 1996, S. A1199–A1201
[158] vgl. Ferlinz, 1996, S. A1199–A1201
[159] vgl. RIEMSER Pharma GmbH, o. J.
[160] vgl. BAMF, 2015b, S. 22
[161] vgl. BAMF, 2015b, S. 20

Tabelle 4.1: Vergütungen für Erstaufnahmeuntersuchungen[162]

Leistung der Erstaufnahme-untersuchung	Inhalt der Leistung	Vergütung in Euro
Eingangsuntersuchung	Aufsuchen der Einrichtung inklusive Wegegeld, Anamnese, ggf. Blutentnahme, Dokumentation	25
Röntgen der Atmungsorgane	für Personen ab 15 Jahre: Röntgen, Thorax, eine Ebene; Befundung und Befundübermittlung	20
Interferon-Gamma-Test	für Personen unter 15 Jahren und Schwangere	58
Serologische Untersuchungen	soweit klinisch, anamnestisch oder epidemiologisch angezeigt	EBM
Impfungen	Impfangebot entsprechend der Bestimmungen des Landes-gesundheitsministeriums NRW	11 je Impfung

Tabelle 4.2: Kosten der Erstaufnahmeuntersuchung für das Land Hessen 2014[163]

Leistungen der Erstaufnahme-untersuchung	Vergütung in Euro	Anzahl Flüchtlinge 2014	> 16 Jahre	Summe in Euro	< 16 Jahre	Summe in Euro	Gesamt in Euro
Flüchtlinge allgemein							
Eingangsunter-suchung	25	17.435	12.571	314.275	4.864	121.600	
Röntgen	20	17.435	12.571	251.420	4.864		
Interferon-Gamma-Test	58	17.435	12.571		4.864	282.112	
Impfung	11	17.435	12.571	138.281	4.864	53.504	
Summe				**703.976**		**457.216**	**1.161.192**
Flüchtlinge aus Syrien, Eritrea, Afghanistan, Irak							
Eingangsunter-suchung	25	6.747	4.865	121.625	1.883	47.075	
Röntgen	20	6.747	4.865	97.300	1.883		
Interferon-Gamma-Test	58	6.747	4.865		1.883	109.214	
Impfung	11	6.747	4.865	53.515	1.883	20.713	
Summe				**272.440**		**177.002**	**449.442**

Damit ergeben sich für das Jahr 2014 Kosten in Höhe von rund 1,16 Mio. Euro für die Erstaufnahmeuntersuchungen aller Flüchtlinge in Hessen sowie rund 450.000 Euro bezogen auf die vier zu betrachtenden Flüchtlingsländer (vgl. Tab. 4.2).

[162] vgl. KVWL, 2016, S. 3
[163] vgl. Land Hessen, 2016a; KVWL, 2016, S. 3; BAMF, 2015b, S. 20–22

Im Jahr 2015 betrug der Anteil der Flüchtlinge unter 16 Jahren 26,4 %[164]; die Flüchtlingsquote aus den vier Ländern lag bei 70,3 %. Auch hier sind die Flüchtlingszahlen des Landes Hessen für das Jahr 2015 die Ausgangsbasis (vgl. Kap. 1.2). In Tabelle 4.3 werden die Kosten für das Jahr 2015 dargestellt. Insgesamt entstanden für die Erstaufnahmeuntersuchung aller Flüchtlinge dem Land Hessen Kosten in Höhe von ca. 5,27 Mio. Euro; davon entfielen auf die Personen der vier Länder ca. 3,7 Mio. Euro.

Tabelle 4.3: Kosten der Erstaufnahmeuntersuchung für das Land Hessen 2015[165]

Leistungen der Erstaufnahme-untersuchung	Vergütung in Euro	Anzahl Flüchtlinge 2015	> 16 Jahre	Summe in Euro	< 16 Jahre	Summe in Euro	Gesamt in Euro
Flüchtlinge allgemein							
Eingangsunter-suchung	25	79.788	58.724	1.468.100	21.064	526.600	
Röntgen	20	79.788	58.724	1.174.480	21.064		
Interferon-Gamma-Test	58	79.788	58.724		21.064	1.221.712	
Impfung	11	79.788	58.724	645.964	21.064	231.704	
Summe				**3.288.544**		**1.980.016**	**5.268.560**
Flüchtlinge aus Syrien, Eritrea, Afghanistan, Irak							
Eingangsunter-suchung	25	56.069	41.267	1.031.675	14.802	370.050	
Röntgen	20	56.069	41.267	825.340	14.802		
Interferon-Gamma-Test	58	56.069	41.267		14.802	858.516	
Impfung	11	56.069	41.267	453.937	14.802	162.822	
Summe				**2.310.952**		**1.391.388**	**3.702.340**

Im Jahr 2016 kamen ca. 280.000 Flüchtlinge nach Deutschland. Entsprechend der Verteilung nach dem Königsberger Schlüssel hat Hessen 2016 rund 20.500 Flüchtlinge aufgenommen.[166] Hiervon kamen insgesamt 16.730 aus den vier genannten Ländern. Rund 30,3 % davon waren unter 16 Jahre alt. Ausgehend von diesen Zahlen ergeben sich damit die in Tabelle 4.4 dargestellten Kosten der Erstaufnahmeuntersuchung.[167]

[164] vgl. BAMF, 2016a, S. 21
[165] vgl. Land Hessen, 2016b, S. 6; KVWL, 2016, S. 3; BAMF, 2016a, S. 21
[166] vgl. Land Hessen, o. J.b
[167] vgl. BAMF, 2017, S. 22

Tabelle 4.4: Kosten der Erstaufnahmeuntersuchung für das Land Hessen 2016[168]

Leistungen der Erstaufnahme-untersuchung	Vergütung in Euro	Anzahl Flüchtlinge 2016	> 16 Jahre	Summe in Euro	< 16 Jahre	Summe in Euro	Gesamt in Euro
Flüchtlinge allgemein							
Eingangsunter-suchung	25	20.500	14.289	357.213	6.212	155.287	512.500
Röntgen	20	20.500	14.289	285.770	6.212	–	285.770
Interferon-Gamma-Test	58	20.500	14.289	–	6.212	360.267	360.267
Impfung	11	20.500	14.289	157.174	6.212	68.326	225.500
Summe				**800.157**		**583.880**	**1.384.037**
Flüchtlinge aus Syrien, Eritrea, Afghanistan, Irak							
Eingangsunter-suchung	25	16.730	11.661	291.520	5.069	126.730	418.250
Röntgen	20	16.730	11.661	233.216	5.069	–	233.216
Interferon-Gamma-Test	58	16.730	11.661	–	5.069	294.013	294.013
Impfung	11	16.730	11.661	128.269	5.069	55.761	184.030
Summe				**653.005**		**476.504**	**1.129.509**

Die Kosten für das Jahr 2016 belaufen sich damit auf ca. 1,13 Mio. Euro für die Flüchtlinge aus den vier Ländern bzw. auf insgesamt ca. 1,38 Mio. Euro für alle Flüchtlinge (vgl. Tab. 4.4).

Damit ist im Zeitverlauf von 2014 zu 2016 eine Kostensteigerung der Ausgaben für das Land Hessen zu verzeichnen.

4.2 Bruttoleistungsausgaben für das Land Hessen

Asylberechtigte erhalten in den ersten 15 Monaten Leistungen nach den §§ 4 und 6 AsylbLG und anschließend nach § 2 AsylbLG. Im Folgenden werden die dadurch entstandenen Kosten für das Land Hessen für die Jahre 2015 und 2016 berechnet. Ausgangsbasis hierfür bilden die Zahlen der Empfänger nach dem AsylbLG seit dem Jahr 2010 sowie die Bruttoausgaben für diese in den einzelnen Jahren. Diese Daten wurden auf der Website des Hessischen Statistischen Landesamts veröffentlicht und in Tabelle 4.5 zusammengefasst.

[168] vgl. Land Hessen, o. J.b; BAMF, 2017, S. 22

Tabelle 4.5: Berechnung der durchschnittlichen Ausgaben je Asylbewerber[169]

Jahr	Bruttoausgaben in 1.000 Euro	Empfänger gesamt	Ausgaben je Asylbewerber in Euro
2010	52.804	7.599	6.949
2011	56.496	8.791	6.427
2012	71.416	11.546	6.185
2013	103.333	14.971	6.902
2014	164.596	26.617	6.184
2015	330.751	68.126	4.855
2016	871.200	69.874	12.468
Durchschnitt			**7.139**

In der Entwicklung der Zahlen für die Empfänger nach dem AsylbLG ist zu erkennen, dass sie sich von 2010 bis 2014 um das 3,5-Fache erhöht haben, bis 2016 sogar um das 9-Fache. Die Bruttoausgaben sind ebenfalls um das 3-Fache angestiegen. Ein kurzzeitiger Einbruch in der Ausgabenentwicklung ist 2015 zu verzeichnen. Anschließend stiegen die Bruttoausgaben ebenfalls wieder um das 3-Fache (2015 zu 2016) an, dies jedoch bei fast gleichbleibender Empfängerzahl. Die durchschnittlichen Ausgaben je Leistungsempfänger nach dem AsylbLG betragen bis 2014 in Hessen 6.525 Euro pro Jahr, 2016 hob sich der Schnitt auf 7.139 Euro.

Das Statistische Bundesamt hat in seiner Publikation *Sozialleistungen – Leistungen an Asylbewerber* eine prozentuale Aufteilung der Leistungsausgaben bezogen auf die einzelnen Leistungsbereiche des AsylbLG für das Jahr 2014 vorgenommen. Diese Aufteilung wird für die Berechnung der Leistungsausgaben nach dem AsylbLG für die Jahre 2015 und 2016 zugrunde gelegt. Die Tabellen 4.6 und 4.7 zeigen, wie sich die Bruttoausgaben für Empfänger nach dem AsylbLG auf die Leistungsbereiche §§ 2, 4 und 6 AsylbLG im Jahr 2015 und 2016 verteilen.

Tabelle 4.6 zeigt, dass ca. 18 % der Leistungsausgaben nach dem AsylbLG auf die Leistungen nach den §§ 4 und 6 AsylbLG entfallen. Weitere 11,6 % der Ausgaben sind den Leistungsausgaben nach § 2 AsylbLG zuzuordnen.

Im Jahr 2016 entfallen ca. 12,2 % der Leistungsausgaben auf die Leistungen nach den §§ 4 und 6 AsylbLG sowie ca. 10,7 % auf die Leistungen nach § 2 AsylbLG (vgl. Tab. 4.7). Diese Prozentzahlen werden im Nachfolgenden für die Berechnungen für die Jahre 2015 und 2016 herangezogen.

[169] vgl. HSL, 2017

Tabelle 4.6: Bruttoausgaben 2015 nach dem AsylbLG – Land Hessen[170]

Jahr 2015	Bruttoausgaben in 1.000 Euro									
		Leistungen nach § 2 AsylbLG								
	Ausgaben gesamt in 1.000 Euro	gesamt	Hilfe zum Lebens-unterhalt	in %	Leistung nach Kap. 5+9 SGB XII	in %	§ 4 AsylbLG	in %	§ 6 AsylbLG	in %
	330.751	38.248	33.616	10,16	4.632	1,40	54.152	16,37	5.367	1,62

Tabelle 4.7: Bruttoausgaben 2016 nach dem AsylbLG – Land Hessen[171]

Jahr 2016	Bruttoausgaben in 1.000 Euro									
		Leistungen nach § 2 AsylbLG								
	Ausgaben gesamt in 1.000 Euro	gesamt	Hilfe zum Lebens-unterhalt	in %	Leistung nach Kap. 5+9 SGB XII	in %	§ 4 AsylbLG	in %	§ 6 AsylbLG	in %
	871.200	93.455	80.483	9,24	12.972	1,49	97.182	11,15	9.339	1,07

4.2.1 Ausgaben nach §§ 4 und 6 AsylbLG

Ausgehend von den durchschnittlichen Leistungsausgaben je Asylberechtigten in Höhe von 4.855 Euro im Jahr 2015 und 12.488 Euro im Jahr 2016 und der prozentualen Verteilung der Ausgaben auf die einzelnen Leistungsbereiche erfolgt eine Berechnung der voraussichtlichen Kosten für die Empfänger nach den §§ 4 und 6 AsylbLG für die ersten 15 Monate der Jahre 2015 und 2016. Dabei werden als Empfänger nach dem AsylbLG die Flüchtlingszahlen der vier Länder aus 2015 mit ihren jeweiligen Schutzquoten (= Asylberechtigte) zugrunde gelegt.

Laut Tabelle 4.8 sind durch die im Jahr 2015 angekommenen Asylberechtigten aus den vier Ländern ca. 39,33 Mio. Euro an Leistungsausgaben in den ersten zwölf Monaten in Hessen entstanden. Die Kosten für die bereits im Jahr 2014 angekommenen Asylberechtigten, die sich noch in der 15-Monatsfrist befinden, sind hierbei nicht eingerechnet. Im Jahr 2016 fallen für ca. drei weitere Monate durch diese Empfänger ebenfalls Kosten nach den §§ 4 und 6 AsylbLG an.

> Ergänzende Materialien zur Berechnung der Leistungsausgaben für das Land Hessen stehen Ihnen zum Download zur Verfügung (Kap. 4.2.1, Tab. A.2 und A.3).

[170] vgl. StBa, 2016c, S. 22
[171] vgl. StBa, 2017a, S. 27

Tabelle 4.8: Ausgaben für Asylberechtigte nach §§ 4 und 6 AsylbLG im Jahr 2015 – Land Hessen[172]

Jahr 2015	Anzahl in Hessen	Ausgaben gesamt in 1.000 Euro	Bruttoausgaben in 1.000 Euro						Ausgaben gesamt in 1.000 Euro
			Ausgaben je Asylbewerber	§ 4 AsylbLG	Ausgaben in %	§ 6 AsylbLG	Ausgaben in %		
Asylbewerber gesamt	68.126	330.751	4.855	54.152	16,37	5.367	1,62		
Asylbewerber der 4 Länder*	45.030	218.621	4.855	**35.788**	16,37	**3.542**	1,62		**39.330**

* aus Syrien, Afghanistan, Irak, Eritrea

Dies entspricht einer Summe von ca. (39,33 Mio. Euro ÷ 12 × 3 =) 9,83 Mio. Euro. Insgesamt fallen damit für die 45.030 Asylberechtigten aus den vier Ländern Kosten in Höhe von (39,33 Mio. Euro + 9,83 Mio. Euro =) 49,16 Mio. Euro an.

Analog zu der Berechnung für die im Jahr 2015 angekommenen Asylberechtigten wird eine Berechnung der Kosten für die im Jahr 2016 angekommenen Asylberechtigten (= ca. 13.016) aus den vier Ländern vorgenommen.

Tabelle 4.9: Ausgaben für Asylberechtigte nach §§ 4 und 6 AsylbLG im Jahr 2016 – Land Hessen[173]

Jahr 2016	Anzahl in Hessen	Ausgaben gesamt in 1.000 Euro	Bruttoausgaben in 1.000 Euro					Ausgaben gesamt in 1.000 Euro
			Ausgaben je Asylbewerber	§ 4 AsylbLG	Ausgaben in %	§ 6 AsylbLG	Ausgaben in %	
Asylbewerber gesamt	69.874	871.200	12.488	97.182	11,15	9.339	1,07	
Asylbewerber der 4 Länder*	13.016	162.544	12.488	18.132	11,15	1.742	1,07	19.874

* aus Syrien, Afghanistan, Irak, Eritrea

Im Jahr 2016 sind weniger Flüchtlinge und damit weniger Asylberechtigte nach Hessen gekommen. Dennoch hat das Land Hessen hohe Leistungsausgaben für die Asylberechtigten in Höhe von rund 19,87 Mio. Euro für die ersten zwölf Monate (vgl. Tab. 4.9). Für drei weitere Monate entstehen zusätzliche Ausgaben in Höhe von ca. (19,87 Mio. Euro ÷ 12 × 3 =) 4,96 Mio. Euro. Insgesamt sind für die im Jahr 2016 ankommenden Asylberechtigten aus den vier Ländern (19,87 Mio. Euro + 4,96 Mio. Euro =) 24,83 Mio. Euro an Leistungen nach den §§ 4 und 6 AsylbLG aufzuwenden.

Damit müssten für die in den Jahren 2015 und 2016 ankommenden Asylberechtigten schätzungsweise Leistungsausgaben nach den §§ 4 und 6 AsylbLG in Höhe von insgesamt (49,16 Mio. Euro + 24,83 Mio. Euro =) 73,99 Mio. Euro entstanden sein.

[172] vgl. StBa, 2016c, S. 26; BAMF, 2015a, S. 2; Land Hessen, 2016 S. 6
[173] vgl. StBa, 2017a, S. 27; Land Hessen, o. J.b

4.2.2 Ausgaben nach § 2 AsylbLG

Nach Ablauf der 15-Monatsfrist haben Asylberechtigte einen Leistungsanspruch nach § 2 AsylbLG. Die dadurch entstehenden Kosten für Asylberechtigte aus den Jahren 2015 und 2016 werden analog der vorangegangenen Berechnung vorgenommen. Danach entstehen für die im Jahr 2015 angekommenen Asylberechtigten aus den vier Ländern jährliche Leistungsaufwendungen nach § 2 AsylbLG von ca. 25,27 Mio. Euro (vgl. Tab. 4.10). Auch hier bleiben Asylberechtigte aus den Vorjahren unberücksichtigt.

Tabelle 4.10: Voraussichtliche Leistungsausgaben für Asylberechtigte aus 2015 nach § 2 AsylbLG – Land Hessen[174]

Jahr 2015			Bruttoausgaben in 1.000 Euro							
				Leistungen nach § 2 AsylbLG						
	Anzahl in Hessen	Ausgaben gesamt in 1.000 Euro	Ausgaben je Asylbewerber	Ausgaben gesamt	Hilfe zum Lebensunterhalt	Ausgaben in %	Leistung nach Kap. 5+9 SGB XII	Ausgaben in %	Ausgaben gesamt in 1.000 Euro
Asylbewerber gesamt	68.126	330.751	4.855	38.248	33.616	10,16	4.632	1,40	
Asylbewerber der 4 Länder*	45.030	218.621	4.855	**25.273**	22.212	10,16	3.061	1,40	**25.273**

* aus Syrien, Afghanistan, Irak, Eritrea

Die zu erwartenden Ausgaben nach § 2 AsylbLG für die im Jahr 2016 ankommenden Asylberechtigten werden ebenfalls ermittelt (vgl. Tab. 4.11).

Tabelle 4.11: Voraussichtliche Leistungsausgaben für Asylberechtigte aus 2016 nach § 2 AsylbLG – Land Hessen[175]

Jahr 2016			Bruttoausgaben in 1.000 Euro						
				Leistungen nach § 2 AsylbLG					
	Anzahl in Hessen	Ausgaben gesamt in 1.000 Euro	Ausgaben je Asylbewerber	Ausgaben gesamt	Hilfe zum Lebensunterhalt	Ausgaben in %	Leistung nach Kap. 5+9 SGB XII	Ausgaben in %	Ausgaben gesamt in 1.000 Euro
Asylbewerber gesamt	69.874	871.200		93.455	80.483	9,24	12.972	1,49	
Asylbewerber der 4 Länder*	13.016	162.544	12.488	**17.436**	15.016	9,24	2.420	1,49	**17.436**

* aus Syrien, Afghanistan, Irak, Eritrea

[174] vgl. StBa, 2016c, S. 26; BAMF, 2015a, S. 2; Land Hessen, 2016 S. 6
[175] vgl. StBa, 2017a, S. 27; vgl. Land Hessen, o. J.b

Damit liegen die jährlichen Leistungsausgaben nach § 2 AsylbLG für die im Jahr 2016 ankommenden Asylberechtigten bei ca. 17,44 Mio. Euro (vgl. Tab. 4.11).

Insgesamt bedeutet dies zusätzliche, zu den bereits laufenden Kosten hinzukommende jährliche Leistungsausgaben für Asylberechtigte aus den vier Ländern aus den Jahren 2015 und 2016 in Höhe von (25,27 Mio. Euro + 17,44 Mio. Euro =) 42,71 Mio. Euro.

4.3 Krankheitskosten je Krankheitsbild

Neben der allgemeinen Berechnung der Ausgaben für die §§ 2, 4 und 6 AsylbLG, die in den vorangegangenen Kapiteln durchgeführt wurde, folgt nun explizit eine Kostenberechnung für die Top-Ten-Todesursachen (= Belastungsquote) sowie der Gesundheitsrisiken der vier einzelnen Länder. Auf diese Weise kann eine Prognose für die zu erwartenden (finanziellen) Herausforderungen für das Gesundheitssystem am Beispiel Hessen vorgenommen werden. Aufgrund fehlender valider Daten ist jedoch eine Berechnung der Krankheitskosten der in Kapitel 3.2 genannten gesundheitlichen Schädigungen durch Krieg und Flucht nicht möglich. Es ist aber zu beachten, dass den Bundesländern, in diesem Fall Hessen, auch dafür Kosten für die Behandlung akuter Gesundheitszustände entstehen.

Auch für Erkrankungen des Nervensystems (Meningitis), Erkrankungen durch eine Protein-Energie-Mangelernährung sowie Auswirkungen des Tabakkonsums und eines erhöhten Blutzuckerwerts können keine Kostenberechnungen vorgenommen werden, da hier keine Krankheitskosten durch das Statistische Bundesamt ausgewiesen werden. Diese sind aber bei der Ermittlung und Einschätzung der Gesamtkosten zu berücksichtigen.

Ausgangsbasis der Krankheitskostenberechnung sind die Krankheitskosten für das Jahr 2015 (Deutschland, Jahre, Krankheitsdiagnosen, [ICD-10]), welche mithilfe der Website des Statistischen Bundesamts mit Tabellen nach eigener Auswahl generiert werden können. Bei der Berechnung der Krankheitskosten ist zu beachten, dass dies lediglich eine Annahme ist, in der mögliche Veränderungen durch medizinische und therapeutische Innovationen, Abfall/Anstieg der Prävalenz, Demografie und sonstige Entwicklungen (z. B. Inflationsquote) nicht berücksichtigt sind. Ebenfalls können der Eintritt einer Behandlungsbedürftigkeit sowie die Dauer und der Schweregrad der Erkrankung nicht in die Betrachtung mit einbezogen werden.

Anschließend werden für jede Erkrankung die Kosten pro Einwohner (Deutschland gesamt) berechnet. Dafür wird der Bevölkerungsstand zum

31.12.2014 für das Jahr 2015 (= 81.197.537 Personen)[176] und zum 31.12.2015 für das Jahr 2016 (= 82.175.684 Personen)[177] zugrunde gelegt.

Die Kosten für die Asylberechtigten aus den Jahren 2015 und 2016 ergeben sich, indem die Krankheitskosten pro Einwohner mit der Anzahl der Asylberechtigten je Flüchtlingsland sowie mit der Krankheitsquote (= Sterbequote) je Flüchtlingsland multipliziert werden. Die Kosten je Erkrankung und Einwohner werden als mögliche Prognose berechnet und in Tabelle 4.12 dargestellt.

Tabelle 4.12: Krankheitskosten je Einwohner in Deutschland[178]

Einwohner 2015 = 81.197.537 Einwohner 2016 = 82.175.684	Krankenkosten in Euro		
Erkrankungen	Kosten 2015 in Mio. Euro gesamt	Kosten 2015 je Einwohner in Euro	Kosten 2016 je Einwohner in Euro
Neubildungen			
Trachea-/Bronchial-/Lungenkrebs	2.032	25,03	24,73
Brustkrebs	2.169	26,71	26,39
Darm-Rektum-Krebs	1.927	23,73	23,45
Krankheiten des Kreislaufsystems			
Ischämische Herzerkrankung	6.788	83,60	82,60
Schlaganfall	9.917	122,13	120,68
Krankheiten des Urogenitalsystems			
Nierenerkrankung	2.970	36,58	36,14
Endokrine, Ernährungs- und Stoffwechselerkrankungen			
Diabetes mellitus	7.371	90,78	89,70
Protein-Energie-Mangelernährung	k. A.	k. A.	k. A.
Krankheiten des Atmungssystems			
Infekt der unteren Atemwege	1.156	14,24	14,07
Krankheiten des Nervensystems			
Meningitis	k. A.	k. A.	k. A.
bestimme Infektiöse und parasitäre Krankheiten			
Durchfallerkrankung	1.520	18,72	18,50
Tuberkulose	117	1,44	1,42
HIV/AIDS	278	3,42	3,38
Risikofaktoren			
erhöhter Blutzucker	k. A.	k. A.	k. A.
Bluthochdruck	10.102	124,41	122,93
Fettleibigkeit	1.099	13,53	13,37
Tabakkonsum	k. A.	k. A.	k. A.

176 vgl. StBa, 2016a
177 vgl. StBa, 2017b
178 StBa, 2017c

Neubildungen

In Bereich der Neubildungen, d. h. von Tumoren an Trachea, Bronchien, Lungen, Brust sowie des Darms und des Rektums entstehen dem Land Hessen zusätzliche Krankheitskosten für Asylberechtigte aus Syrien. Entsprechend der Asylberechtigten (2015 = 26.971; 2016 = 5.469) und der Belastungsquote der Asylberechtigten für die Neubildungen (vgl. Tab. 4.12) wären hiervon ca. 1.053 Personen der Asylberechtigten aus dem Jahr 2015 betroffen. Davon entfallen ca. 351 Personen auf Neubildungen von Tumoren an Trachea, Bronchien sowie der Lungen. 405 Frauen würden an Brustkrebs erkranken und 297 Personen an Darm-Rektum-Krebs. Von den im Jahr 2016 ankommenden Asylberechtigten aus Syrien wären 213 Personen (71 Personen an Trachea-, Bronchial-, Lungenkrebs; 82 Frauen an Brustkrebs; 60 an Darm-Rektum-Krebs) von Neubildungen betroffen. Aufgrund dieser Daten ergibt sich die Berechnung in Tabelle 4.13.

Tabelle 4.13: Krankheitskosten Neubildungen – Asylberechtigte aus Syrien aus 2015 und 2016[179]

	Trachea-/ Bronchial-/ Lungenkrebs	Brustkrebs	Darm-Rektum-Krebs	Gesamt in Euro
Syrien Asylberechtigte aus 2015 = 26.971				
Krankheitskosten je Einwohner in Euro	25,03	26,71	23,73	
Erkrankungsquote in %	1,30	1,50	1,10	
Anteilige Personen	351	405	297	
Summe	**8.784**	**10.819**	**7.048**	**26.651**
Syrien Asylberechtigte aus 2016 = 5.469				
Krankheitskosten je Einwohner in Euro	24,73	26,39	23,45	
Erkrankungsquote in %	1,30	1,50	1,10	
Anteilige Personen	71	82	60	
Summe	**1.756**	**2.164**	**1.407**	**5.327**

Für das Land Hessen entstehen für die im Jahr 2015 angekommenen Asylberechtigten aufgrund der Belastungsquote jährlich ca. 26.651 Euro zusätzliche Krankheitskosten. Durch die im Jahr 2016 angekommenen Asylberechtigten müssten den Berechnungen zufolge jährlich ca. 5.327 Euro zusätzliche Krankheitskosten entstehen. Fortlaufend würden sich jährlich Behandlungskosten in Höhe von (26.651 Euro + 5.327 Euro =) 31.978 Euro ergeben.

[179] vgl. StBa, 2017c; BAMF, 2015a, S. 2; Land Hessen, 2016b, S. 6; Land Hessen, o. J.b; WHO, 2015, S. 4

Krankheiten des Kreislaufsystems

Krankheitskosten für die Behandlung von Erkrankungen des Kreislaufsystems (Ischämische Herzerkrankungen und Schlaganfälle) fallen für Asylberechtigte aus allen vier Ländern an. Das bedeutet, dass auch hier die Krankheitskosten entsprechend den Flüchtlingszahlen bzw. der Schutzquote der einzelnen Länder sowie der Belastungsquote (= Sterbequote) für diese Erkrankungen zu berechnen sind. Für die Berechnung werden ebenfalls die Krankheitskostenkosten je Einwohner entsprechend der Tabelle 4.12 herangezogen. Die Tabelle 4.14 fasst die zu erwartenden Kosten für die Asylberechtigten aus dem Jahr 2015 sowie die des Jahres 2016 zusammen.

Tabelle 4.14: Krankheitskosten des Kreislaufsystems – Asylberechtigte aus 2015 und 2016[180]

2015				2016			
	Ischämische Herz-erkrankung	**Schlag-anfall**	**Gesamt in Euro**		**Ischämische Herz-erkrankung**	**Schlag-anfall**	**Gesamt in Euro**
Krankheitskosten je Einwohner in Euro	83,60	122,13		Krankheitskosten je Einwohner in Euro	82,60	120,68	
Syrien Asylberechtigte aus 2015 = 26.971				**Syrien Asylberechtigte aus 2016 = 5.469**			
Erkrankungsquote in %	17,4	6,8		Erkrankungsquote in %	17,4	6,8	
Anteilige Personen	4.693	1.834		Anteilige Personen	952	372	
Summe	**392.324**	**223.998**	**616.322**	**Summe**	**78.608**	**44.881**	**123.489**
Afghanistan Asylberechtigte aus 2015 = 7.934				**Afghanistan Asylberechtigte aus 2016 = 2.663**			
Erkrankungsquote in %	8,1	6,2		Erkrankungsquote in %	8,1	6,2	
Anteilige Personen	643	492		Anteilige Personen	216	165	
Summe	**53.725**	**60.079**	**113.804**	**Summe**	**17.819**	**19.927**	**37.746**
Irak Asylberechtigte aus 2015 = 7.280				**Irak Asylberechtigte aus 2016 = 3.159**			
Erkrankungsquote in %	16,5	10		Erkrankungsquote in %	16,5	10	
Anteilige Personen	1.201	728		Anteilige Personen	521	316	
Summe	**100.391**	**88.889**	**189.280**	**Summe**	**43.050**	**38.118**	**81.168**
Eritrea Asylberechtigte aus 2015 = 2.847				**Eritrea Asylberechtigte aus 2016 = 1.725**			
Erkrankungsquote in %	4,1	6,8		Erkrankungsquote in %	4,1	6,8	
Anteilige Personen	117	194		Anteilige Personen	71	117	
Summe	**9.758**	**23.645**	**33.403**	**Summe**	**5,842**	**14.156**	**19.998**
Gesamtsumme 2015 in Euro				**Gesamtsumme 2016 in Euro**			
	502.474	**396.610**	**952.809**		**145.320**	**117.082**	**262.401**

[180] vgl. StBa, 2017c; BAMF, 2015a, S. 2; Land Hessen, 2016b, S. 6; Land Hessen, o. J.b; WHO, 2015a, S. 4; WHO, 2015c, 2015g, 2015e, S. 3

Insgesamt fallen für die Asylberechtigten aus dem Jahr 2015 jährliche Krankheitskosten für die Behandlung von Ischämischen Herzerkrankungen in Höhe von ca. 502.474 Euro sowie für die Behandlung von Schlaganfällen in Höhe von ca. 396.610 Euro an. Durch die im Jahr 2016 angekommenen Asylberechtigten müssten diesen Berechnungen zufolge jährliche Kosten in Höhe von ca. 145.320 Euro für die Behandlung von Ischämischen Herzerkrankungen sowie ca. 117.082 Euro für die Behandlung von Schlaganfällen entstehen.

Krankheiten des Urogenitalsystems

Im Bereich der Krankheiten des Urogenitalsystems (u. a. Nierenerkrankungen) können zukünftig Krankheitskosten für Asylberechtigte aus Syrien und dem Irak anfallen. Auch hier werden wieder die Flüchtlingszahlen/Asylberechtigte je Flüchtlingsland sowie die Erkrankungsquote (= Sterbequote) herangezogen und die Kosten auf Basis der Krankheitskosten je Einwohner ermittelt (vgl. Tab. 4.12). Die Berechnung ergibt sich entsprechend den Angaben in der nachfolgenden Tabelle 4.15.

Tabelle 4.15: Krankheitskosten Urogenitalsystem – Asylberechtigte aus 2015 und 2016[181]

2015		2016	
	Nierenerkrankung		Nierenerkrankung
Krankheitskosten je Einwohner in Euro	36,58	Krankheitskosten je Einwohner in Euro	36,14
Syrien Asylberechtigte aus 2015 = 26.971		**Syrien Asylberechtigte aus 2016 = 5.469**	
Erkrankungsquote in %	17,4	Erkrankungsquote in %	17,4
Anteilige Personen	324	Anteilige Personen	66
Summe	**11.838**	**Summe**	**2.372**
Irak Asylberechtigte aus 2015 = 7.280		**Irak Asylberechtigte aus 2016 = 3.159**	
Erkrankungsquote in %	16,5	Erkrankungsquote in %	16,5
Anteilige Personen	226	Anteilige Personen	98
Summe	**8.253**	**Summe**	**3.539**
Gesamtsumme 2015 in Euro		**Gesamtsumme 2016 in Euro**	
	20.091		**5.911**

Auf Basis der Kostenberechnungen für die Asylberechtigten aus dem Jahr 2015 ergibt sich eine mögliche Kostenbelastung für das hessische Gesundheitssystem in Höhe von jährlich ca. 20.091 Euro. Weiterhin müsste den Berechnungen zufolge eine jährliche Kostenbelastung in Höhe von ca. 5.911 Euro für die Asylberechtigten aus dem Jahre 2016 hinzukommen.

[181] vgl. StBa, 2017c; BAMF, 2015a, S. 2; Land Hessen, 2016b, S. 6; Land Hessen, o. J.b; WHO, 2015e, 2015g, S. 3

Endokrine, Ernährungs- und Stoffwechselerkrankungen

In dem Erkrankungsbereich Endokrine, Ernährungs- und Stoffwechselerkrankung wird lediglich eine Kostenberechnung für die Erkrankung Diabetes mellitus vorgenommen. Eine Kostenberechnung für das Krankheitsbild Protein-Energie-Mangelernährung ist, wie bereits angeführt, aufgrund fehlender Daten nicht möglich. Für die Asylberechtigten aus dem Irak und deren Belastungsquote (= Sterbequote) ergeben sich anhand der Krankheitskosten je Einwohner (vgl. Tab. 4.12) folgende Ausgaben (vgl. Tab. 4.16).

Tabelle 4.16: Krankheitskosten für Endokrine, Ernährungs- und Stoffwechselerkrankungen – Asylberechtigte aus 2015 und 2016[182]

2015		2016	
	Diabetes mellitus		Diabetes mellitus
Krankheitskosten je Einwohner in Euro	90,78	Krankheitskosten je Einwohner in Euro	89,70
Irak Asylberechtigte aus 2015 = 7.280		**Irak Asylberechtigte aus 2016 = 3.159**	
Erkrankungsquote in %	5,9	Erkrankungsquote in %	5,9
Anteilige Personen	429	Anteilige Personen	186
Gesamtsumme 2015 in Euro		**Gesamtsumme 2016 in Euro**	
	38.944		**16.684**

Für das Krankheitsbild des Diabetes mellitus können für die Asylberechtigten aus dem Irak, welche im Jahr 2015 in Hessen angekommen sind, jährlich 38.944 Euro Krankheitskosten entstehen. Für im Jahr 2016 angekommene Asylberechtigte aus dem Irak können den Berechnungen zufolge Krankheitskosten für Diabetes mellitus in Höhe von jährlich 16.684 Euro anfallen.

[182] vgl. StBa, 2017c; BAMF, 2015a, S. 2; Land Hessen, 2016b, S. 6; Land Hessen, o. J.b; WHO, 2015e, S. 3

Krankheiten des Atemsystems

Von dem Infekt der unteren Atemwege ist eine Vielzahl der Asylberechtigten aus allen vier Ländern betroffen. Anhand der Belastungsquoten werden auch hierfür die jeweiligen Krankheitskosten berechnet (vgl. Tab. 4.17).

Tabelle 4.17: Krankheitskosten des Atemsystems – Asylberechtigte aus 2015 und 2016[183]

2015		2016	
	Infekt der unteren Atemwege		Infekt der unteren Atemwege
Krankheitskosten je Einwohner in Euro	14,24	Krankheitskosten je Einwohner in Euro	14,07
Syrien Asylberechtigte aus 2015 = 26.971		**Syrien Asylberechtigte aus 2016 = 5.469**	
Erkrankungsquote in %	1,2	Erkrankungsquote in %	1,2
Anteilige Personen	324	Anteilige Personen	66
Summe	**4.613**	**Summe**	**923**
Afghanistan Asylberechtigte aus 2015 = 7.934		**Afghanistan Asylberechtigte aus 2016 = 2.663**	
Erkrankungsquote in %	11,6	Erkrankungsquote in %	11,6
Anteilige Personen	920	Anteilige Personen	309
Summe	**13.098**	**Summe**	**4.346**
Irak Asylberechtigte aus 2015 = 7.280		**Irak Asylberechtigte aus 2016 = 3.159**	
Erkrankungsquote in %	4,6	Erkrankungsquote in %	4,6
Anteilige Personen	335	Anteilige Personen	145
Summe	**4.769**	**Summe**	**2.044**
Eritrea Asylberechtigte aus 2015 = 2.847		**Eritrea Asylberechtigte aus 2016 = 1.725**	
Erkrankungsquote in %	11,5	Erkrankungsquote in %	11,5
Anteilige Personen	327	Anteilige Personen	198
Summe	**4.655**	**Summe**	**2.791**
Gesamtsumme 2015 in Euro		**Gesamtsumme 2016 in Euro**	
	27.136		10.104

Zur Behandlung der im Jahr 2015 ankommenden Asylberechtigten können dabei dem Land Hessen jährlich 27.136 Euro an Kosten entstehen. Darüber hinaus müssten den Berechnungen zufolge für die im Jahr 2016 angekommenen Asylberechtigten zur Behandlung von Infekten der unteren Atemwege jährliche Behandlungskosten in Höhe von 10.104 Euro aufgewendet werden. Insgesamt führt die Behandlungsbedürftigkeit von Infekten der oberen Atemwege zu jährlichen Behandlungskosten von (27.136 Euro + 10.104 Euro =) 37.240 Euro.

[183] vgl. StBa, 2017c; BAMF, 2015a, S. 2; Land Hessen, 2016b, S. 6; Land Hessen, o. J.b; WHO, 2015a, S. 4; WHO, 2015c, 2015e, 2015g, S. 3

Bestimmte infektiöse und parasitäre Krankheiten

Zu den bestimmten infektiösen und parasitären Krankheiten gehören Durchfallerkrankungen, Tuberkulose sowie HIV/AIDS. Von diesen Erkrankungen sind Asylberechtigte aus Afghanistan und Eritrea betroffen. Wie bereits bei den vorherigen Erkrankungen werden auch hier die Zahlen der Asylberechtigten und die Belastungsquoten (= Sterbequote) sowie die Krankheitskosten je Einwohner für die Berechnung herangezogen. Damit ergibt sich für die oben genannten infektiösen und parasitären Krankheiten nachstehende Kostenberechnung (vgl. Tab. 4.18).

Tabelle 4.18: Krankheitskosten für bestimmte infektiöse und parasitäre Krankheiten – Asylberechtigte aus 2015 und 2016[184]

2015				2016			
	Durchfallerkrankung	**Tuberkulose**	**HIV/AIDS**		**Durchfallerkrankung**	**Tuberkulose**	**HIV/AIDS**
Krankheitskosten je Einwohner in Euro	18,72	1,44	3,42	Krankheitskosten je Einwohner in Euro	18,50	1,42	3,38
Afghanistan Asylberechtigte aus 2015 = 7.934				**Afghanistan Asylberechtigte aus 2016 = 2.663**			
Erkrankungsquote in %	0	4,4	0	Erkrankungsquote in %	0	4,4	0
Anteilige Personen	0	349	0	Anteilige Personen	0	117	0
Summe	**0**	**503**	**0**	**Summe**	**0**	**166**	**0**
Eritrea Asylberechtigte aus 2015 = 2.847				**Eritrea Asylberechtigte aus 2016 = 1.725**			
Erkrankungsquote in %	8	0	5,3	Erkrankungsquote in %	8	0	5,3
Anteilige Personen	28	0	151	Anteilige Personen	138	0	91
Summe	**4.268**	**0**	**516**	**Summe**	**2.553**	**0**	**309**
Gesamtsumme 2015 in Euro				**Gesamtsumme 2016 in Euro**			
	4.268	**503**	**516**		**2.553**	**166**	**309**

So können für die Asylberechtigten aus diesen beiden Ländern, die im Jahr 2015 nach Hessen gekommen sind, zukünftig jährliche Behandlungskosten in Höhe von (4.268 Euro + 503 Euro + 516 Euro =) 5.287 Euro für alle drei Erkrankungen entstehen. Für die im Jahr 2016 angekommenen Asylberechtigten müssten sich den Berechnungen zufolge jährliche Behandlungskosten in Höhe von (2.553 + 166 Euro + 309 Euro =) 3.028 Euro ergeben.

184 vgl. StBa, 2017c; BAMF, 2015a, S. 2, Land Hessen, 2016b, S. 6; Land Hessen, o. J.b; WHO, 2015c, 2015e, S. 3

Gesundheitsrisiken

Ebenfalls wird für die aufgrund von Bluthochdruck und Fettleibigkeit entstehenden Gesundheitsrisiken eine Kostenberechnung für die in den Jahren 2015 und 2016 angekommenen Asylberechtigten vorgenommen. Von diesen beiden Gesundheitsrisiken sind Asylberechtigte aus allen vier Ländern betroffen. Auch hier erfolgt bei der Berechnung die bereits erwähnte Vorgehensweise; diese ist in Tabelle 4.18 einzusehen. Für die Gesundheitsrisiken, die vom erhöhten Blutzucker ausgehen sowie die Auswirkungen des Tabakkonsums ist aufgrund fehlender Daten keine Berechnung möglich.

Tabelle 4.19: Krankheitskosten Gesundheitsrisiken – Asylberechtigte aus 2015 und 2016[185]

2015					
	Bluthochdruck	**Fettleibigkeit**		**Bluthochdruck**	**Fettleibigkeit**
Krankheitskosten je Einwohner in Euro	124,41	13,53	Krankheitskosten je Einwohner in Euro	122,93	13,37
Syrien Asylberechtigte aus 2015 = 26.971			**Syrien Asylberechtigte aus 2016 = 5.469**		
Erkrankungsquote in %	30,7	31,4	Erkrankungsquote in %	30,7	31,4
Anteilige Personen	8.280	8.469	Anteilige Personen	1.679	1.717
Summe	**1.030.137**	**114.627**	**Summe**	**206.405**	**22.967**
Afghanistan Asylberechtigte aus 2015 = 7.934			**Afghanistan Asylberechtigte aus 2016 = 2.663**		
Erkrankungsquote in %	27,6	2,4	Erkrankungsquote in %	27,6	2,4
Anteilige Personen	2.190	190	Anteilige Personen	734	64
Summe	**272.243**	**2.572**	**Summe**	**90.197**	**855**
Irak Asylberechtigte aus 2015 = 7.280			**Irak Asylberechtigte aus 2016 = 3.159**		
Erkrankungsquote in %	29,4	29,3	Erkrankungsquote in %	29,4	29,3
Anteilige Personen	2.140	2.133	Anteilige Personen	929	924
Summe	**266.243**	**28.870**	**Summe**	**114.158**	**12.356**
Eritrea Asylberechtigte aus 2015 = 2.847			**Eritrea Asylberechtigte aus 2016 = 1.725**		
Erkrankungsquote in %	30,2	1,8	Erkrankungsquote in %	30,2	1,8
Anteilige Personen	860	51	Anteilige Personen	520	31
Summe	**106.995**	**690**	**Summe**	**63.936**	**415**
Gesamtsumme 2015 in Euro			**Gesamtsumme 2016 in Euro**		
	1.403.375	**146.759**		**474.696**	**36.593**

[185] vgl. StBa, 2017c; BAMF, 2015a, S. 2; Land Hessen, 2016b, S. 6; Land Hessen, o. J.b; WHO, 2015c, 2015e, S. 3

So würden für die im Jahr 2015 angekommenen Asylberechtigten zukünftig jährliche Behandlungskosten in Höhe von (1.403.375 Euro + 146.759 Euro=) 1,55 Mio. Euro für die Risiken des Bluthochdrucks und der Fettleibigkeit anfallen. Weitere Krankheitskosten entstehen für die im Jahr 2016 angekommenen Asylberechtigten. Den Berechnungen zufolge müssten für das hessische Gesundheitssystem jährliche Behandlungskosten von (474.696 Euro + 36.593 Euro =) 511.289 Euro entstehen.

Ergänzende Materialien zur Berechnung der Krankheitskosten für die Jahre 2015 und 2016 des Landes Hessen stehen Ihnen zum Download zur Verfügung (Kap. 4.3, Tab. A.4 und A.5).

4.4 Fazit

Zusammenfassend ist festzustellen, dass aufgrund des Flüchtlingszustroms seit 2015 eine enorme finanzielle Belastung für das hessische Gesundheitssystem eingetreten ist. Allein die Kosten für die Erstaufnahmeuntersuchung nach § 62 AsylG betragen jährlich mehrere Millionen Euro. Verbleiben die Flüchtlinge aus Syrien, Afghanistan, dem Irak und Eritrea als Asylberechtigte in Hessen, so entstehen in einem weiteren Schritt zusätzliche Kosten für die Leistungen nach §§ 2, 4 und 6 AsylbLG. Die Ausgaben nach § 2 AsylbLG belaufen sich zukünftig für die Asylberechtigten aus den Jahren 2015 und 2016 auf rund 42,71 Mio. Euro jährlich.

Wird hinsichtlich der Kosten nicht nach den Leistungsbereichen des AsylbLG, sondern nach den Krankheitskosten differenziert, so ist auch hier festzustellen, dass eine hohe finanzielle Belastung für das hessische Gesundheitssystem eintreten wird. Die höchste Belastung hinsichtlich der medizinischen Versorgung wird in dem Gesundheitsrisiko, das durch Bluthochdruck entsteht, gesehen. Die Belastungsquote beträgt für alle vier Länder jeweils nahezu 30 % der Bevölkerung und betrifftdamit auch einen erheblichen Anteil der Asylberechtigten. So entstehen allein in diesem Bereich zukünftig jährliche Krankheitskosten in Höhe von rund 1,9 Mio. Euro. Ebenfalls hohe Kosten verursachen die Erkrankungen des Kreislaufsystems. Hier sind insbesondere Asylberechtigte aus Syrien und dem Irak durch eine hohe Belastungsquote betroffen und verursachen dementsprechend hohe Krankheitskosten. Weitere hohe Kosten werden zudem durch das Gesundheitsrisiko der Fettleibigkeit verursacht (etwa 30 % der Asylberechtigten aus Syrien und dem Irak).

Aus Tabelle 4.20 wird ersichtlich, dass die ersten fünf Erkrankungen zu den chronischen sowie behandlungsintensiven und lang andauernden Erkrankungen gehören. Diese Erkrankungen werden daher nicht nur kurzfristig, sondern auch langfristig die in der Tabelle ausgewiesenen Kosten verursachen. Die Erkrankungen Tuberkulose und HIV/AIDS verursachen die wenigsten Kosten und haben damit weniger Auswirkungen auf das hessische Gesundheitssystem.

Tabelle 4.20: Ranking der Ausgaben je Krankheit für Asylberechtigte aus 2015/2016

Rang	Erkrankungen	Kosten durch Asylberechtigte 2015 in Euro	Kosten durch Asylberechtigte 2016 in Euro
1.	Bluthochdruck	1.403.375	474.696
2.	Ischämische Herzerkrankung	502.474	145.320
3.	Schlaganfall	396.610	117.082
4.	Fettleibigkeit	146.759	36.593
5.	Diabetes mellitus	38.944	16.684
6.	Infekt der unteren Atemwege	27.136	10.104
7.	Nierenerkrankung	20.091	5.911
8.	Brustkrebs	10.819	2.164
9.	Trachea-, Bronchial-, Lungenkrebs	8.784	1.756
10.	Darm-Rektum-Krebs	7.048	1.407
11.	Durchfallerkrankungen	4.268	2.553
12.	HIV/AIDS	516	309
13.	Tuberkulose	503	166
	Gesamtkosten	**2.567.326**	**814.744**

Es ist bei der Kostenbetrachtung zu berücksichtigen, dass dies nur eine Kostenschätzung ist. Hinzu kommen noch die Kosten für die Erkrankungen, deren Kosten nicht berechnet werden konnten. Damit ist insgesamt mit weitaus höheren Ausgaben für das Land Hessen zu rechnen, als in der Tabelle angegeben.

5 Weitere Einflüsse auf die medizinische Versorgung und deren Kosten durch die Asylberechtigten

Im Folgenden wird zum einen auf die Zugangsberechtigungen zur medizinischen Versorgung eingegangen, zum anderen werden die unterschiedlichen Kulturen und Wertesysteme der Asylberechtigten näher betrachtet.

5.1 Zugangsmöglichkeiten zu medizinischen Leistungen für Asylberechtigte

Nach dem AsylbLG bestehen unterschiedliche Leistungsansprüche, wie ein eingeschränkter Leistungsanspruch auf eine Notfallversorgung in den ersten 15 Monaten. Ist in diesem Zeitraum eine ärztliche Behandlung im Sinne der §§ 4 und 6 AsylbLG notwendig, benötigen die Asylberechtigten entweder einen ärztlichen Behandlungsschein von dem zuständigen Träger der Sozialhilfe[186] oder die Leistungsinanspruchnahme erfolgt über die eGK. Dazu haben einige Bundesländer, beispielsweise Nordrhein-Westfalen[187] und Schleswig-Holstein,[188] entsprechende Vereinbarungen mit den gesetzlichen Krankenkassen auf Basis des § 264 Abs. 1 SGB V geschlossen. Dort heißt es:

> „Die Krankenkasse ist zur Übernahme der Krankenbehandlung nach Satz 1 für Empfänger von Gesundheitsleistungen nach den §§ 4 und 6 des AsylbLG verpflichtet, wenn sie durch die Landesregierung oder die von der Landesregierung beauftragte oberste Landesbehörde dazu aufgefordert wird und mit ihr eine entsprechende Vereinbarung mindestens auf Ebene der Landkreise oder kreisfreien Städte geschlossen wird."[189]

Andere Bundesländer wie z. B. Hamburg und Bremen haben bereits vor einigen Jahren die Gesundheitskarte für Asylbewerber eingeführt (Hamburg seit 2012, Bremen seit 2005).[190]

---

[186] vgl. KV Hessen, 2015, S. 3
[187] vgl. MHKBG, 2015b
[188] vgl. Land Schleswig-Holstein, 2015
[189] § 264 Abs. 1 S. 2 SGB V
[190] vgl. Wächter-Raquet, 2016, S. 11

In Hessen erfolgt derzeit die Leistungsinanspruchnahme über den Behandlungsschein. Das bedeutet, dass die Asylberechtigten vor der Inanspruchnahme ärztlicher Leistungen zunächst ihren zuständigen Träger der Sozialhilfe aufsuchen und dort nach einem Behandlungsschein fragen müssen.[191] Die Entscheidung über eine Leistungsgewährung trifft dabei die zuständige Behörde nach pflichtgemäßem Ermessen.[192] Sie kann dafür aber auch einen ärztlichen Gutachter hinzuziehen und ihn mit einer Stellungnahme hinsichtlich der medizinischen Notwendigkeit im Rahmen der Notfallversorgung beauftragen. Dadurch können Asylberechtigte die ärztliche Leistung erst zeitverzögert in Anspruch nehmen,[193] sodass der Zugang zur medizinischen Versorgung durch diese bürokratischen Hürden erschwert ist.[194]

Der von der Behörde ausgegebene Behandlungsschein muss die folgenden Daten enthalten:[195]

- Name, Vorname
- Geburtsdatum
- Anschrift
- fünfstellige Kassennummer der Sozialhilfeverwaltung (bezeichnet als Kostenträgernummer, KV-Nr. etc.)
- Gültigkeitsdauer (von/bis)

In der Regel wird der Behandlungsschein für ein Quartal ausgestellt. Durch den zuständigen Träger der Sozialhilfe können auf dem Schein weitere Leistungseinschränkungen und/oder konkrete Ärzte für die Inanspruchnahme vermerkt werden.[196] Auch dies liegt im pflichtgemäßen Ermessen des Kostenträgers.[197] Auf dem Behandlungsschein selbst sind darüber hinaus für den Arzt wichtige Informationen zur Leistungserbringung und Kostenerstattung vermerkt (vgl. Abb. 5.1).

---

[191] vgl. MSAGD, o. J.
[192] vgl. Eichenhofer, 2013, S. 174
[193] vgl. Verbraucherzentrale Bundesverband, 2015
[194] vgl. Bozorgmehr et al., 2016a, S. 611
[195] vgl. KV Hessen, 2015, S. 3
[196] vgl. Verbraucherzentrale Bundesverband, 2015
[197] vgl. Eichenhofer, 2013, S. 174

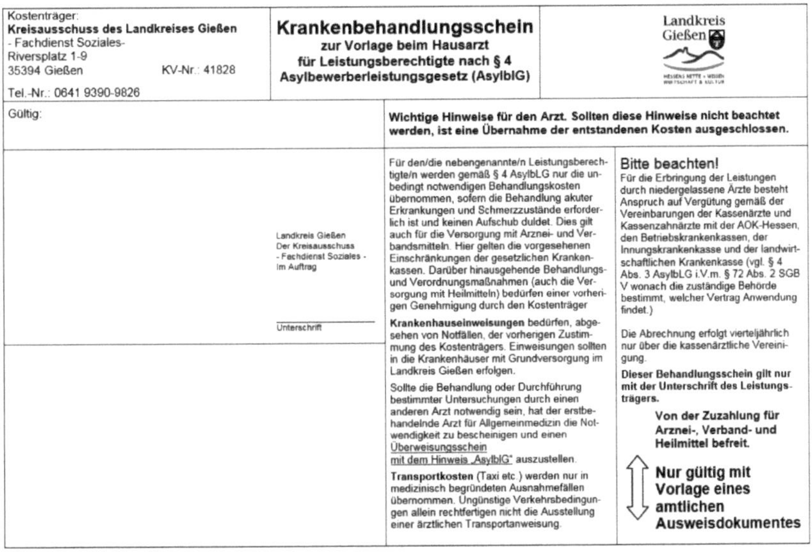

Kostenträger:
Kreisausschuss des Landkreises Gießen
- Fachdienst Soziales-
Riversplatz 1-9
35394 Gießen KV-Nr.: 41828
Tel.-Nr.: 0641 9390-9826

Krankenbehandlungsschein
zur Vorlage beim Hausarzt
für Leistungsberechtigte nach § 4
Asylbewerberleistungsgesetz (AsylbIG)

Landkreis Gießen

Gültig:

Wichtige Hinweise für den Arzt. Sollten diese Hinweise nicht beachtet werden, ist eine Übernahme der entstandenen Kosten ausgeschlossen.

Landkreis Gießen
Der Kreisausschuss
- Fachdienst Soziales -
Im Auftrag

Unterschrift

Für den/die nebengenannte/n Leistungsberechtigte/n werden gemäß § 4 AsylbLG nur die unbedingt notwendigen Behandlungskosten übernommen, sofern die Behandlung akuter Erkrankungen und Schmerzzustände erforderlich ist und keinen Aufschub duldet. Dies gilt auch für die Versorgung mit Arznei- und Verbandsmitteln. Hier gelten die vorgesehenen Einschränkungen der gesetzlichen Krankenkassen. Darüber hinausgehende Behandlungs- und Verordnungsmaßnahmen (auch die Versorgung mit Heilmitteln) bedürfen einer vorherigen Genehmigung durch den Kostenträger

Krankenhauseinweisungen bedürfen, abgesehen von Notfällen, der vorherigen Zustimmung des Kostenträgers. Einweisungen sollten in die Krankenhäuser mit Grundversorgung im Landkreis Gießen erfolgen.

Sollte die Behandlung oder Durchführung bestimmter Untersuchungen durch einen anderen Arzt notwendig sein, hat der erstbehandelnde Arzt für Allgemeinmedizin die Notwendigkeit zu bescheinigen und einen Überweisungsschein mit dem Hinweis „AsylbIG" auszustellen.

Transportkosten (Taxi etc.) werden nur in medizinisch begründeten Ausnahmefällen übernommen. Ungünstige Verkehrsbedingungen allein rechtfertigen nicht die Ausstellung einer ärztlichen Transportanweisung.

Bitte beachten!
Für die Erbringung der Leistungen durch niedergelassene Ärzte besteht Anspruch auf Vergütung gemäß der Vereinbarungen der Kassenärzte und Kassenzahnärzte mit der AOK-Hessen, den Betriebskrankenkassen, der Innungskrankenkasse und der landwirtschaftlichen Krankenkasse (vgl. § 4 Abs. 3 AsylbLG i.V.m. § 72 Abs. 2 SGB V wonach die zuständige Behörde bestimmt, welcher Vertrag Anwendung findet.)

Die Abrechnung erfolgt vierteljährlich nur über die kassenärztliche Vereinigung.

Dieser Behandlungsschein gilt nur mit der Unterschrift des Leistungsträgers.

Von der Zuzahlung für Arznei-, Verband- und Heilmittel befreit.

Nur gültig mit Vorlage eines amtlichen Ausweisdokumentes

Abbildung 5.1: Muster Behandlungsschein – Landkreis Gießen[198]

Mit diesem Behandlungsschein können Leistungen von Allgemeinärzten, hausärztlich tätigen Internisten, Kinderärzten, Frauenärzten und Augenärzten direkt in Anspruch genommen werden.[199] Sofern die Behandlung, Mitbehandlung und/oder Weiterbehandlung durch einen Facharzt erforderlich ist, ist eine Überweisung des Erstbehandlers notwendig. Diese Überweisung ist mit dem Kennzeichen *AsylbLG* zu versehen.[200]

Die Abrechnung der ärztlichen Leistungen erfolgt manuell (per Papier) und quartalsweise durch den Arzt bei seiner Kassenärztlichen Vereinigung (KV). Dabei hat er die erbrachten Leistungen ausreichend und nachvollziehbar zu dokumentieren und zu begründen. Dies ist eine wichtige Voraussetzung, damit der Träger der Sozialhilfe die erbrachten Leistungen nicht beanstandet. Der Abrechnung ist zudem der Behandlungsschein im Original beizufügen.[201] Die erbrachte ärztliche Leistung wird seitens der KV mit einem festen Punktwert vergütet.[202]

[198] Landkreis Gießen, o. J., S. 5
[199] vgl. KV Hessen, 2015, S. 5
[200] vgl. Landkreis Gießen, o. J., S. 4
[201] vgl. Landkreis Gießen, o. J., S. 5 ff.
[202] vgl. KV Hessen, 2015, S. 6

Das Land Hessen hat in seinem Aktionsplan *Hessischer Aktionsplan zur Integration von Flüchtlingen und Bewahrung des gesellschaftlichen Zusammenhalts* vom 16.12.2015 die Einführung der Gesundheitskarte für Flüchtlinge vorgesehen. Damit strebt es einen erleichterten Zugang von Flüchtlingen zur gesundheitlichen Versorgung sowie den Abbau unnötiger Bürokratiehürden an.[203]

Im Verfahren der Gesundheitskarte übernehmen die Krankenkassen dabei eine Art *Dienstleistungsfunktion*. Das bedeutet, dass die Asylberechtigten von den Kommunen bei den Krankenkassen angemeldet werden. Von den Krankenkassen erhalten die Asylberechtigten dann ihre Gesundheitskarte und können mit dieser direkt einen Arzt aufsuchen, ohne sich vorher um einen Behandlungsschein des zuständigen Trägers der Sozialhilfe bemühen zu müssen. Die Gesundheitskarte ist mit einer entsprechenden Kennzeichnung versehen, mittels derer der Arzt erkennt, dass der Karteninhaber Anspruch auf Leistungen nach dem AsylbLG hat. Der Arzt rechnet im Anschluss seine erbrachten Leistungen elektronisch – mit den Abrechnungen für die gesetzlich Krankenversicherten – mit der KV ab.[204] Die Kommunen erstatten den Krankenkassen die entstandenen Kosten für die ärztliche Behandlung sowie eine Verwaltungsgebühr.[205]

Der hessische Staatsminister Grüttner hatte für den 17.02.2016 die Vertreter aller beteiligten Institutionen, einschließlich des Hessischen Landkreistags, zu einem gemeinsamen Austausch hinsichtlich der Einführung der Gesundheitskarte für Flüchtlinge eingeladen. Der Sozialausschuss des Hessischen Landkreistags hat sich zuvor für die Einführung einer Gesundheitskarte unter Berücksichtigung der folgenden Eckpunkte ausgesprochen:

- Die Einführung einer Gesundheitskarte ist für die Landkreise optional.
- Der eingeschränkte Leistungsumfang muss für alle Beteiligten klar erkennbar sein.
- Die Sperrung einer Karte bei einem Wegfall der Leistungsberechtigung muss technisch möglich sein.
- Die Kosten für die Gesundheitskarte (Krankenhilfe und Verwaltung) werden vom Land Hessen übernommen.[206]

Die tatsächliche Einführung einer Gesundheitskarte für Flüchtlinge in Hessen ist derzeit offen (Stand 2017). Neben den oben genannten Forderungen des

[203] vgl. Land Hessen, 2015a, S. 17
[204] vgl. SWR Fernsehen, 2016; Razum et al., 2016, S. A132
[205] vgl. Schnack/Kötter, 2016, S. 53
[206] vgl. HLT, 2016, S. 3

Hessischen Landkreistags werden Befürchtungen hinsichtlich der Einführung der Gesundheitskarte für Flüchtlinge in den Medien geäußert:

- mögliche Erstattung von Verwaltungskosten der Krankenkassen durch die Kommunen (6 oder 8 %)[207]
- fehlende rechtsverbindliche Definition der Leistungen, welche über die Gesundheitskarte abrechenbar sind[208], sodass es hierdurch zu einer Leistungsausweitung und damit zu höheren Kosten für die Kommunen kommen kann[209]
- Erbringung von unkontrollierten (nicht notwendigen) Leistungen durch die Ärzte, da die *Nichtbudgetierung* der Leistungen für Asylbewerber Anreize hierfür schaffen könnte[210]

Vonseiten der Landesregierungen einzelner Bundesländer wird hingegen angeführt, dass mit der eGK eine diskriminierungsfreie medizinische Versorgung von Asylberechtigten ermöglicht wird. Der Asylberechtigte kann mit der eGK direkt einen Arzt aufsuchen.[211] Die Ärzte und Krankenhäuser erhalten die Vergütungen für die erbrachten Leistungen unkompliziert und unbürokratisch. Gleichzeitig würde mit der eGK das manuelle und aufwendige Abrechnungsverfahren auf das bereits mit den Krankenkassen praktizierte maschinelle Verfahren umgestellt. Hierdurch würden die Ärzte ebenfalls entlastet werden.[212] Die Kommunen müssten bei Einführung der eGK keine höheren Personalressourcen für die Ausstellung von Behandlungsscheinen mehr vorhalten. Dadurch käme es zu einer Entlastung, auch hinsichtlich der insgesamt vorzuhaltenden Strukturen in den Kommunen.[213]

Nach Art. 28 GG (= Föderalismus) wird den Kommunen in Deutschland ein Recht auf Selbstverwaltung eingeräumt. Dies betrifft insbesondere die Regelungen aller Angelegenheiten der örtlichen Gemeinschaft in eigener Verantwortung im Rahmen der bestehenden Gesetze. Hierzu gehört auch die Leistungserbringung nach den §§ 4 und 6 AsylbLG.[214] Somit steht es jeder Kommune grundsätzlich frei, dem Vertrag zwischen dem Land und den Krankenkassen nach § 264 Abs. 1 SGB V beizutreten. Dies kann jedoch dazu führen,

---

[207] vgl. Anthony, 2016
[208] vgl. Anthony, 2016
[209] vgl. Haufe, 2015
[210] vgl. Haufe, 2015
[211] vgl. Land Nordrhein-Westfalen, 2015
[212] vgl. SWR Fernsehen, 2016
[213] vgl. Land Nordrhein-Westfalen, 2015
[214] vgl. Art. 28 GG

dass es selbst innerhalb eines Bundeslandes unterschiedliche Verfahrensweisen für die Inanspruchnahme von Leistungen nach den §§ 4 und 6 AsylbLG gibt. So sind beispielsweise in Nordrhein-Westfalen nur 18 Gemeinden und 12 Kommunen dem Vertrag auf Landesebene beigetreten. Einige Städte haben sich aus Kostengründen gegen die Einführung ausgesprochen.[215]

Zusammenfassend ist aufgrund der Ausführungen anzunehmen, dass die Art der Zugangsberechtigung zu ärztlichen Leistungen (Behandlungsschein oder eGK) einen großen Einfluss auf das Verhalten von Asylberechtigten hinsichtlich der Inanspruchnahme in der medizinischen Versorgung hat.

5.2 Sprachliche Herausforderungen

Die Sprache bildet einen weiteren möglichen Einflussfaktor auf den Erfolg der medizinischen Versorgung von Asylberechtigten. Sie ist in der Kommunikation zwischen Menschen ein wichtigstes Instrument, das den direkten und persönlichen Austausch ermöglicht.[216] Jedoch erschweren Sprachbarrieren diesen direkten und persönlichen Austausch in der medizinischen Versorgung der Asylberechtigten. So entstehen beispielsweise Kommunikationsprobleme durch unzureichende bzw. lückenhafte Deutschkenntnisse, insbesondere in den Bereichen Körper, Gesundheit, Befinden und Sexualität.[217] Asylberechtigte haben somit große Schwierigkeiten, dem Arzt und/oder dem Pflegepersonal mitzuteilen, welche Beschwerden und Erkrankungen vorliegen. Dies erschwert die Durchführung einer medizinisch notwendigen und auf das Erkrankungsbild abgestimmten Therapie. Gleichzeitig führen die unzureichenden Deutschkenntnisse dazu, dass der Asylberechtigte nicht in der Lage ist, den Ausführungen des Arztes und/oder des Pflegepersonals zu folgen, um so ebenfalls zielgerichtet die vorgegebenen Therapien umzusetzen.[218] Konkret können die beschriebenen Kommunikationsprobleme beiderseits zu unterschiedlichen Interpretationen des Gesagten führen, sodass Missverständnisse und in der Folge auch Fehlbehandlungen eintreten können.[219]

Aus diesem Grund werden Sprachbarrieren auch an erster Stelle genannt, wenn es um Schwierigkeiten bei der Behandlung ausländischer Personen geht.[220] Qualitative Studien zeigen, dass Verständigungsschwierigkeiten sowie fehlende Informationen über Angebote und sozialrechtliche Ansprüche zu

---

[215] vgl. Wächter-Raquet, 2016, S. 12, 29
[216] vgl. Gün, 2011, S. 21
[217] vgl. Razum et al., 2008, S. 109
[218] vgl. BBMFI, 2014, S. 151
[219] vgl. Geiger/Razum, 2006, S. 724 ff.
[220] vgl. Gün, 2011, S. 21

Interaktionsproblemen im Versorgungsprozess führen.[221] Dabei spielt die Aufenthaltsdauer der Asylberechtigten keine Rolle.[222] Vielmehr führen neben den mangelhaften Deutschkenntnissen die häufig nur kurze formale Schulausbildung in den Herkunftsländern oder gar Analphabetismus dazu,[223] dass Asylberechtigte nicht in der Lage sind, sich selbst aktiv über Gesundheitsdienstleistungen zu informieren, insbesondere entsprechendes Informationsmaterial zu verstehen.[224] In den hier betrachteten Herkunftsländern werden folgende Sprachen gesprochen:

- Syrien: Arabisch, Englisch und Französisch[225]
- Afghanistan: Dari und Paschtu[226]
- Irak: Arabisch und Kurdisch[227]
- Eritrea: Tigrinya, Englisch und Arabisch[228]

Darüber hinaus liegt die Analphabetisierungsquote in Syrien bei 16,4 %[229], im Irak bei 25,9 %[230], in Afghanistan bei ca. 72 %[231] und in Eritrea bei 33,4 %[232]. In der Literatur wird darüber hinaus angeführt, dass Hinweise und Informationen zu Gesundheitsdienstleistungen häufig in einer nicht für die Asylberechtigten verständlichen Sprache oder Form verfasst sind.[233] Im Bereich der stationären Behandlung führt dies beispielsweise dazu, dass Asylberechtigte Behandlungspläne nicht lesen und die Therapieorte nicht finden können. Hier sind die Orientierungshilfen (Klinikrundgänge, Wegweiser, Therapiepläne) in der Regel nur in deutscher (Schrift-)Sprache vorzufinden.[234]

In der Praxis erfolgt aus diesen Gründen in der medizinischen Versorgung von Asylberechtigten oftmals der Einsatz eines *Zufallsdolmetschers.* Diese reichen von Familienmitgliedern über Besucher im stationären Bereich bis hin

221 vgl. Brzoska/Razum, 2014, S. 1896
222 vgl. Bermejo et al., 2012, S. 951
223 vgl. Geiger/Razum, 2006, S. 733
224 vgl. BBMFI, 2014, S. 151
225 vgl. Auswärtiges Amt, 2015c
226 vgl. Auswärtiges Amt, 2016a
227 vgl. Auswärtiges Amt, 2015b
228 vgl. Auswärtiges Amt, 2015a
229 vgl. Amnesty International, 2011
230 vgl. Amnesty International, 2009b
231 vgl. Amnesty International, 2009a
232 vgl. Amnesty International, 2012
233 vgl. Razum et al., 2008, S. 109
234 vgl. Brause et al., 2010, S. 146

zur Einbindung des bilingualen Reinigungspersonals in den Behandlungsprozess. Diese Einbindung kann jedoch zu Fehlübersetzungen, Auslassungen, Verzerrungen oder Verschweigen von für den Behandlungsprozess wichtigen Symptomen oder zu Fehlern bei der Übermittlung der Krankenvorgeschichte führen. Ebenfalls können bestehende Autoritätsverhältnisse zwischen Familienmitgliedern zur Beeinflussung von Patientenbeschwerden bzw. -wünschen führen.[235] In einigen Bereichen des Gesundheitswesens, insbesondere in Krankenhäusern, sind auch Sprachmittler sowie Dolmetscher für die Vermittlung zwischen Arzt und Patient tätig.[236] Jedoch sind die Kosten dafür überwiegend von dem Patienten selbst oder von der Einrichtung, die Sprachmittler bzw. Dolmetscher einsetzt, zu tragen.[237] Dies führt in der Praxis zu Problemen hinsichtlich einer zeitnahen Verfügbarkeit von Sprachmittlern bzw. Dolmetschern oder verhindert sogar deren Einsatz.[238]

Auch der von Ärzten benannte vorherrschende Zeitmangel, der es im alltäglichen Behandlungsprozess kaum zulässt, adäquat auf Sprachbarrieren von Asylberechtigten zu reagieren, beeinflusst die Behandlungsqualität.[239]

Abschließend wird daher festgehalten, dass Sprach- und Kommunikationsbarrieren einen hohen Einfluss auf die medizinische Versorgung von Asylberechtigten haben. Zum einen schränken sie die Patientenautonomie ein,[240] zum anderen erschweren sie die Compliance der Asylberechtigten, aktiv an der Therapie mitzuwirken und die vorgegebenen Maßnahmen einzuhalten.[241] Die auf beiden Seiten bestehenden mangelnden Sprachkenntnisse sowie die Unsicherheit des Arztes in der Bewertung der Aussagen der Patienten können eine erweiterte Diagnostik bedingen. So werden weiterführende Untersuchungen vorgenommen, um die Kommunikationsdefizite auszugleichen oder zu kompensieren. Diese Untersuchungen können auf der einen Seite dazu beitragen, dass das Krankheitsbild des Patienten schneller erkannt und eine entsprechende Therapie angestoßen wird. Sofern jedoch schwerwiegende Verständnisprobleme vorliegen, ist andererseits davon auszugehen, dass an dieser Stelle keine zielführende ärztliche Versorgung/Behandlung erfolgt. Der behandelnde Arzt versucht vielmehr, mithilfe der ihm zur Verfügung stehenden Diagnostik eine Ahnung vom Krankheitsbild des Patienten zu erhalten. In diesem Vorgehen ist eher von einer *Überdiagnostik* auszugehen,

---

[235] vgl. David/Ilkilic, 2010, S. 54
[236] vgl. BBMFI, 2014, S. 204
[237] vgl. BBMFI, 2014, S. 156
[238] vgl. Blum/Steffen, 2012, S. 55
[239] vgl. David/Ilkilic, 2010, S. 54
[240] vgl. Brause et al., 2010, S. 146
[241] vgl. Geiger/Razum, 2006, S. 724 ff.

da zu viele Untersuchungen vorgenommen werden. Weiterhin kann auf Wunsch des Patienten oder auf ärztliche Anordnung ein relativ hoher Arztwechsel erfolgen. Ursache sind zunächst auch hier die Verständigungsprobleme zwischen Arzt und Patient, aber auch der in der Praxis vorherrschende Zeitmangel der Ärzte in den Sprechstunden. So gelingt es dem Patienten nicht, seine Symptome und Beschwerden dem Arzt gegenüber deutlich zum Ausdruck zu bringen. Der Arzt hingegen kann die Äußerungen des Patienten nicht einem bestimmten Krankheitsbild zuordnen, sodass er gezwungen ist, einen Fachkollegen bzw. einen entsprechenden Facharzt hinzuzuziehen.[242] Letztlich führen die Sprachbarrieren aber auch zu einer Nichtinanspruchnahme von Gesundheitsdienstleistungen.[243]

5.3 Kultur und Wertesystem

Sind Asylberechtigte angesichts einer Erkrankung gezwungen, einen Arzt aufzusuchen, so wird aufgrund der unterschiedlichen Kulturkreise von Arzt und Patient von einem interkulturellen Arzt-Patienten-Verhältnis gesprochen.[244] Aufgrund der gesellschaftlichen Wahrnehmung und des in seinem Land kulturell überformten Verständnisses von Krankheit hat der Asylberechtigte bereits im Vorfeld seine Beschwerden unbewusst, aber auch bewusst, einer Bewertung unterzogen. Die Diagnose des behandelnden Arztes vermittelt daher nur noch zwischen dem medizinischen und gesellschaftlichen Verständnis von Gesundheit und Krankheit.[245] Kulturspezifische und soziale Systeme erklären demnach – neben dem medizinischen System – was jeder Mensch unter Krankheit, Gesundheit, Wohl- und Missbefinden versteht. Diese beiden Systeme sind also eng miteinander verbunden.[246]

Um ein besseres Verständnis für den Umgang mit Gesundheit und Krankheit in den vier betrachteten Ländern zu bekommen, werden die jeweiligen Religionen betrachtet. Diese nehmen großen Einfluss auf die Kulturen. In Syrien umfasst die Bevölkerung mehrheitlich sunnitische Muslime (74 %).[247] Daneben gibt es noch religiöse Minderheiten, wie z. B. alewitische und schiitische Muslime, Christen, Drusen, Ismaeliten sowie Juden.[248] In der Bevölkerung von Afghanistan sind 99 % Muslime (80 % Sunniten und 19 % Schiiten)

[242] vgl. Ilkilic, 2006, S. 26; David/Ilkilic, 2010, S. 54
[243] vgl. Bermejo et al., 2012, S. 947 ff.
[244] vgl. Ilkilic, 2010, S. 30
[245] vgl. Paul, 2007, S. 145
[246] vgl. Greifeld, 1995, S. 22 f.
[247] vgl. CIA, 2017
[248] vgl. Auswärtiges Amt, 2015c

sowie 1 % andere Religionen vorzufinden.[249] Im Irak sind mehr als 95 % der Bevölkerung Muslime, davon ca. 60 % Schiiten und ca. 35 % Sunniten. Weiterhin gibt es im Irak Angehörige verschiedener orientalisch-christlicher Kirchen (unter anderem Chaldäer, Nestorianer, Gregorianer, römische und syrische Katholiken, armenische Christen, Altsyrisch-Orthodoxe) und zahlreiche kleinere Religionsgruppen wie Jesiden, Mandäer sowie Shabak.[250] In Eritrea hingegen ist die eine Hälfte der Bevölkerung Christen (überwiegend orthodox, auch römisch-katholisch und protestantisch) und die andere Hälfte sunnitische Muslime.[251] Damit herrscht in Syrien, dem Irak und Afghanistan der muslimische Glaube vor. In Eritrea ist der muslimische Glaube zumindest in der Hälfte der Bevölkerung vertreten. Aus diesem Grund wird nachfolgend überwiegend der muslimische Glaube fokussiert. Darüber hinaus wird auf einige Besonderheiten der Asylberechtigten aus Eritrea eingegangen.

Dem muslimischen Glauben nach werden Krankheiten durch biologische, chemische, physikalische oder andere Stoffe mit Gottes Kenntnis und Erlaubnis hervorgerufen. Demnach verleiht der muslimische Gott diesen Stoffen krankmachende Eigenschaften. Demgegenüber stehen Arzneimittel und medizinische Maßnahmen. Diese sind dem muslimischen Glauben nach mit heilenden Kräften versehen.[252] Bei der Anwendung von Arzneimitteln bei Asylberechtigten mit muslimischem Glauben ist zu beachten, dass beispielsweise alkoholhaltige Medikamente oder Arzneimittel mit Gelatine als Inhaltsstoffe nicht eingenommen und somit nicht verordnet werden dürfen. Ebenso sind Implantate vom Schwein verboten.[253]

Neben dem Verständnis von Krankheit und Glauben haben noch andere wichtige Aspekte des kulturell-religiösen Verhaltens Einfluss auf die medizinische Versorgung. Hierzu gehören u. a. das Schamgefühl, das Fasten und bestimmte Speisevorschriften. Frauen erwarten z. B., dass sie nur von einer Ärztin untersucht werden und die Betreuung im Krankenhaus nur durch eine Sprechstundenhilfe/Krankenschwester erfolgt. Ist dies nicht möglich, da z. B. im Krankenhaus zum gegebenen Zeitpunkt nur männliche Ärzte zur Verfügung stehen, wird sehr viel Wert darauf gelegt, dass es zu keinem unnötigen körperlichen Kontakt zwischen Mann und Frau kommt, z. B. Verweigerung eines Handschlags.[254] Das Fasten im muslimischen Glauben gehört zu den am

[249] vgl. Auswärtiges Amt, 2016a
[250] vgl. Auswärtiges Amt, 2015b
[251] vgl. Auswärtiges Amt, 2015a
[252] vgl. David/Ilkilic, 2010, S. 54
[253] vgl. David/Ilkilic, 2010, S. 55
[254] vgl. Dietrich, 2011, S. 102

häufigsten ausgeübten islamischen Grundpflichten. Fasten bedeutet den Verzicht auf flüssige und feste Nahrung, Rauchen und Geschlechtsverkehr im Fastenmonat Ramadan. Gefastet wird dabei von der Morgendämmerung bis nach Sonnenuntergang.[255] Der Koran lässt Ausnahmen vom Fasten z. B. bei schweren gesundheitlichen Problemen zu.[256] Aus diesem Grund gerät der Asylberechtigte im Krankheitsfall in einen interpersonellen Konflikt zwischen seinem Wertesystem und der Wahrung der Gesundheit. Dennoch wird die Schulmedizin als eine wichtige Wissenschaftsdisziplin im muslimischen Glauben anerkannt, da eine gesunde körperliche Verfassung benötigt wird, um die Pflichten des Glaubens zu erfüllen.[257]

Weitere wichtige Unterschiede im Gesundheits- bzw. Krankheitsverständnis zwischen deutschen und eritreischen Patienten liegen darin, dass in Eritrea eine Krankheit auch als Strafe für eigenes soziales Fehlverhalten oder als Rache Dritter verstanden wird. Somit ist das Vertrauen in die schulmedizinischen Therapien sowie die Compliance der eritreischen Patienten gering. Eritreer suchen nur bei hoch akuten Erkrankungen einen Arzt auf. Prävention und Therapie von asymptomatischen Erkrankungen sind den Eritreern nicht bekannt.[258]

Bermejo et al. haben in einer von ihnen durchgeführten Studie zu den subjektiv erlebten Barrieren von Personen mit Migrationshintergrund bei der Inanspruchnahme von Gesundheitsmaßnahmen analysiert, dass kulturelle Faktoren als Hindernisse anzusehen sind. Als Hindernisse werden dabei mangelnde interkulturelle Kompetenz aufseiten des Gesundheitspersonals angegeben, aber auch die unterschiedlichen Erwartungen der Asylberechtigten an die Dienstleistungserbringung der Fachkräfte und umgekehrt.[259]

Damit lässt sich festhalten, dass den hier ausgeführten religiös geprägten Vorstellungen über die Entstehung und Behandlung von Krankheiten eine sehr große Bedeutung in der medizinischen Versorgung von Asylberechtigten zukommt. So fühlen sich Asylberechtigte aufgrund der sprachlichen (vgl. Kap. 5.2) und kulturellen Unterschiede von den Ärzten nicht ausreichend verstanden,[260] was die Akzeptanz und Wirksamkeit der angebotenen medizinischen Therapien erschwert.[261] Dies führt in der Praxis dann oftmals

[255] vgl. Ilkilic, 2007, S. 1587
[256] vgl. Ilkilic, 2006, S. 30
[257] vgl. David/Ilkilic, 2010, S. 54 f.
[258] vgl. Tiarks-Jungk, 2011, S. 55
[259] vgl. Bermejo et al., 2012, S. 948 f.
[260] vgl. Brause et al., 2010, S. 151
[261] vgl. Brause et al., 2010, S. 147

dazu, dass medizinische Behandlungen abgelehnt werden.[262] Gelingt es dem behandelnden Arzt darüber hinaus nicht, das medizinische mit dem kulturspezifischen und sozialen System zu verknüpfen, scheitert das interkulturelle Arzt-Patienten-Verhältnis insgesamt.[263]

5.4 Fazit

Es wurde herausgearbeitet, dass eine Leistungsinanspruchnahme nach den §§ 4 und 6 AsylbLG entweder mittels Behandlungsschein oder durch den Einsatz der eGK erfolgen kann. Zu beiden Zugangsberechtigungen wurden die Verfahren sowie die Vor- bzw. Nachteile erläutert. Bezogen auf den Behandlungsschein ist als großer Nachteil anzuführen, dass die Asylberechtigten vor der Inanspruchnahme ärztlicher Leistungen zuerst ihren zuständigen Träger der Sozialhilfe aufsuchen und dort nach einen Behandlungsschein fragen müssen.[264] Die zuständige Behörde stellt dann den Behandlungsschein nach pflichtgemäßem Ermessen aus.[265] Demgegenüber steht die Anwendung der eGK, mit der die Asylberechtigten den *Umweg* über den zuständigen Träger der Sozialhilfe vermeiden können, da sie diese berechtigt, den Arzt direkt aufzusuchen. Hier wird jedoch als Nachteil seitens der Kommunen die fehlende Leistungsbeschränkung gem. §§ 4 und 6 AsylbLG angeführt.[266] Aus diesem Grund haben sich die Kommunen in Hessen bislang gegen die eGK für Asylberechtigte ausgesprochen.[267]

Einen weiteren erheblichen Einfluss auf die medizinische Versorgung von Asylberechtigten haben Sprachkenntnisse sowie die unterschiedlichen Vorstellungen von Gesundheit und Krankheit, die aus den jeweiligen kulturellen Bedürfnissen und Werten resultieren. Unzureichende Deutschkenntnisse führen in der Arzt-Patienten-Beziehung dazu, dass Symptome nicht korrekt und auch nicht ausreichend differenziert übermittelt werden. Darüber hinaus führen zusätzlich fehlende Informationen über Angebote und sozialrechtliche Ansprüche zu weiteren Interaktionsproblemen im Versorgungsprozess.[268] Kommunikationsprobleme sind mit einer steigenden Unzufriedenheit auf beiden Seiten verbunden und verstärken gleichzeitig die vorhandene kulturelle

---

[262] vgl. Gün, 2011, S. 24
[263] vgl. Paul, 2007, S. 145
[264] vgl. MSAGD, o. J.
[265] vgl. Eichenhofer, 2013, S. 174
[266] vgl. Anthony, 2016
[267] vgl. HLT, 2016, S. 3
[268] vgl. Brzoska/Razum, 2014, S. 1896

Distanz.[269] Damit ist eine gelungene Kommunikation die wichtigste Voraussetzung, zum einen für die Vermittlung von Beschwerden und zum anderen für ein Verständnis hinsichtlich der unterschiedlichen Wertevorstellungen und Präferenzen von Asylberechtigten aus den vier betrachteten Ländern.[270]

Daneben wird das Gesundheitsverhalten der Asylberechtigten durch die Kulturen in den Herkunftsländern, die Wertvorstellungen der jeweiligen Bevölkerung sowie die dort vorhandenen gesundheitlichen Versorgungssysteme geprägt. Dies führt dazu, dass Menschen unterschiedliche Auffassungen von Gesundheit und Krankheit sowie von Wohlbefinden und Missbefinden haben,[271] sodass medizinische Behandlungen – sofern sie gewährt werden – je nach kulturellem Verständnis abgelehnt oder angenommen werden.[272]

---

[269] vgl. David/Ilkilic, 2010, S. 54
[270] vgl. Ilkilic, 2010, S. 31
[271] vgl. Greifeld, 1995, S. 22 f.
[272] vgl. Gün, 2011, S. 24

6 Erörterung der Ergebnisse

Im Folgenden werden die herausgearbeiteten Ergebnisse der vorangegangenen Analysen zusammengefasst. Im Weiteren wird eine Prognose gegeben, die die mögliche Entwicklung der Flüchtlingszahlen und weitere Auswirkungen für das Land Hessen beinhaltet. Die Ergebnisse werden anschließend in einer SWOT-Analyse näher betrachtet und im Nachfolgenden interpretiert.

6.1 Zusammenfassung

Die durchgeführten Analysen dieser Untersuchung zeigen, dass es verschiedene Einflussfaktoren auf die medizinische Versorgung von Asylberechtigten aus Syrien, Afghanistan, dem Irak und Eritrea gibt. Beginnend mit der Gesundheitsversorgung in den Herkunftsländern wurde zudem dargestellt, dass diese nur geringe bis gar keiner Versorgung aufweisen. Damit ist eine dortige ggf. notwendige medizinische Versorgung nicht ausreichend sichergestellt und wirkt sich dementsprechend negativ auf den Gesundheitszustand der Asylberechtigten aus. Dies führt zu einer hohen Prävalenz für chronische Erkrankungen und zu Gesundheitsrisiken, darunter durch Ischämische Herzerkrankungen bedingter Bluthochdruck sowie der Diabetes mellitus, welcher im Zusammenhang mit dem Risikofaktor Fettleibigkeit steht. Darüber hinaus weisen Asylberechtigte aus allen vier Ländern eine erhöhte Prävalenz für Krankheiten des Atemsystems (Infekt der unteren Atemwege) auf, wobei die Sterbequote in Eritrea und Afghanistan höher ist als in Syrien und im Irak.[273]

Hinzu kommen Erkrankungen, die nicht in allen Herkunftsländern vorzufinden sind. In Syrien besteht u. a. eine erhöhte Sterbequote für Tumore[274] und in Eritrea für endokrine, Ernährungs- und Stoffwechselerkrankungen, Krankheiten des Nervensystems sowie für bestimmte infektiöse und parasitäre Krankheiten.[275] Damit bestehen Erkrankungen mit dauerhafter Behandlungsbedürftigkeit, die sich sowohl auf die Lebensbedingungen im Herkunftsland als auch auf die im Ankunftsland auswirken. Gleichzeitig weisen diese Erkrankungen – insbesondere die Ischämischen Herzerkrankungen sowie die Risikofaktoren infolge von erhöhtem Blutdruck, erhöhtem Blutzucker sowie Fettleibigkeit – eine höhere Prävalenz unter den Asylberechtigten gegenüber der deutschen Bevölkerung aus.

---

[273] vgl. WHO, 2015a, S. 4; WHO, 2015c, 2015e, 2015g, S. 3

[274] vgl. WHO, 2015g, S. 3

[275] vgl. WHO, 2015c, S. 3

Mit der Flucht aus dem Heimatland werden die Asylberechtigten vor neue Herausforderungen gestellt (vgl. Kap. 3.2). Die Flucht stellt ein kritisches Lebensereignis dar, das insbesondere durch die aufgeführten Traumafolgestörungen langfristige gesundheitliche Folgen nach sich ziehen kann.[276] Im Ankunftsland selbst führt dann die Unterbringung in den Erstaufnahmeeinrichtungen und den Kommunen (vgl. Kap. 3.2–3.3), die Ungewissheit über die Entscheidung des Asylantrags (vgl. Kap. 3.1.2) sowie die rechtlichen Anspruchsvoraussetzungen für medizinische Leistungen (vgl. Kap. 4) zu einer besonderen sozialen Situation der Asylberechtigten. Hier wirken sich zusätzlich ein Gefühl der Nichtzugehörigkeit, kulturelle Unterschiede und Diskriminierungserlebnisse[277] sowie auch die ethnische Zugehörigkeit der Asylberechtigten zu einer bestimmten Gruppe auf die gesundheitliche und soziale Situation aus.[278]

Weiteren Einfluss auf den Gesundheitszustand der Asylberechtigten nehmen die gesetzlichen Regelungen der § 62 AsylG sowie der §§ 2, 4 und 6 AsylbLG. Danach werden den Asylberechtigten in einem dreistufigen Verfahren unterschiedliche medizinische Leistungen in Hessen bereitgestellt. Dies führt dazu, dass den Asylbewerbern in den ersten 15 Monaten medizinische Leistungen nur bei akuten Beschwerden und Schmerzzuständen gewährt werden.[279]

Zusätzliche Einflussgrößen (= Zugangsbarrieren zur medizinischen Versorgung) wurden in Kapitel 5 beschrieben. Es wurde dargestellt, dass die Asylberechtigten die medizinischen Leistungen entweder mittels Behandlungsschein oder eGK in Anspruch nehmen können. Je nach Verfahren bedeutet dies für die Asylberechtigten entweder eine zeitverzögerte Leistungsinanspruchnahme (= Behandlungsschein)[280] oder einen direkten Zugang zur medizinischen Versorgung (= eGK).[281] In Hessen erfolgt derzeit noch die Ausgabe eines Behandlungsscheins durch den zuständigen Träger der Sozialhilfe (Stand 2017).[282]

---

[276] vgl. Schenk, 2007, S. 93
[277] vgl. Hornung, 2014, S. 372; Schenk, 2007, S. 93
[278] vgl. Lammers, 2015, S. 93
[279] vgl. Ager, 2014, S. 439
[280] vgl. Verbraucherzentrale Bundesverband, 2015
[281] vgl. SWR Fernsehen, 2016; Razum et al., 2016, S. A132
[282] vgl. KV Hessen, 2015, S. 3

Darüber hinaus führen unzureichende Deutschkenntnisse zu Sprachbarrieren in der medizinischen Versorgung. Dadurch kommt es im Behandlungsprozess oftmals zu Missverständnissen[283] in der Darstellung des Befindens, der Schmerzen und des Gesundheitszustands.[284] Insbesondere die Kultur und das Wertesystem der Asylberechtigten haben Auswirkungen auf das zukünftige Gesundheitsverhalten im Ankunftsland.[285] So herrscht in Syrien, im Irak und in Afghanistan der muslimische Glaube vor.[286] In Eritrea besteht die Bevölkerung immerhin zu 50 % aus Muslimen.[287] Mit diesen Glaubensrichtungen gehen bestimmte Verhaltensweisen einher, die die Compliance der Asylberechtigten, aber auch die Akzeptanz der medizinischen Behandlung erheblich beeinflussen.[288]

Um mögliche (kausale) Zusammenhänge zwischen verschiedenen Einflussfaktoren auf die Gesundheit von Migranten bewerten zu können, haben Schenk und Neuhauser im Jahr 2005 ein Erklärungsmodell entwickelt. Im Jahr 2008 wurde es von Spallek und Razum um die Lebenslaufperspektive ergänzt. Dieser Erklärungsansatz soll dazu dienen, die Gesundheit von Migranten in der Lebenslaufperspektive zu analysieren und gleichzeitig die gesundheitlichen Ungleichheiten von Migranten zu berücksichtigen. Die dort aufgeführten Faktoren und deren Auswirkungen auf die Gesundheit von Migranten sind derzeit jedoch nicht alle empirisch belegt bzw. quantifiziert. Dennoch lässt sich dieser Erklärungsansatz auf die hier herausgearbeiteten Einflussfaktoren hinsichtlich der medizinischen Versorgung von Asylberechtigten übertragen.[289]

Mit der Abbildung 6.1 wird deutlich, dass zwischen dem Migrationshintergrund der Asylberechtigten und ihrer gesundheitlichen Lage ein (kausaler) Zusammenhang bestehen kann. So tragen folgende Faktoren zu den (ungünstigen) Lebensbedingungen der Asylberechtigten im Ankunftsland bei: der bisherige Lebensstil, der im Ankunftsland beibehalten wird; die in Kapitel 3 aufgezeigten Prävalenz- bzw. Risikoprofile, die dann bestehen bleiben; und die kritischen Lebensereignisse der Flucht.[290]

---

[283] vgl. Geiger/Razum, 2006, S. 724 ff.
[284] vgl. Razum et al., 2008, S. 109
[285] vgl. Schenk, 2007, S. 93
[286] vgl. Auswärtiges Amt, 2016a, 2015b, 2015c
[287] vgl. Auswärtiges Amt, 2015a.
[288] vgl. Tiarks-Jungk, 2011, S. 55. So können medizinische Behandlungen dadurch bedingt entweder abgelehnt oder nur teilweise angenommen werden (vgl. Gün, 2011, S. 24).
[289] vgl. Spallek/Razum, 2008, S. 282
[290] vgl. Schenk, 2007, S. 92 f.

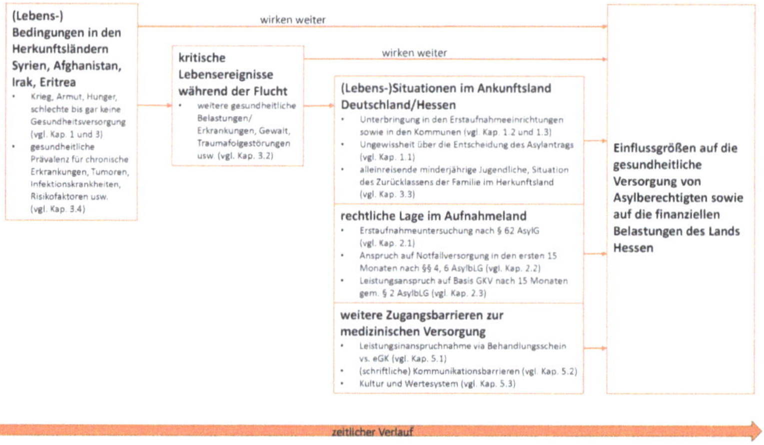

Abbildung 6.1: Einflussfaktoren auf die medizinische Versorgung von Asylberechtigten[291]

Ausgehend von den Einflussgrößen auf die medizinische Versorgung wurden die finanziellen Belastungen für das hessische Gesundheitssystem berechnet. Für die Erstaufnahmeuntersuchung in den Erstaufnahmeeinrichtungen entstanden dem Land Hessen für die Jahre 2015 sowie 2016 für die Asylberechtigten aus Syrien, Afghanistan, dem Irak sowie Eritrea geschätzte Ausgaben in Höhe von 5,7 Mio. Euro.[292] Die voraussichtlichen Leistungsausgaben nach den §§ 4 und 6 AsylbLG für Asylberechtigte, die in den Jahren 2015 und 2016 nach Hessen gekommen sind, müssten den Berechnungen zufolge ca. 73,99 Mio. Euro betragen haben. Die voraussichtlichen Leistungsausgaben nach § 2 AsylbLG für den gleichen Personenkreis müssten in der Folge ca. 60,13 Mio. Euro jährlich betragen. Im Bereich der Krankheitskostenberechnung ist festzustellen, dass dem Land Hessen für die im Jahr 2015 angekommenen Asylberechtigten jährlich Ausgaben in Höhe von rund 2,56 Mio. Euro entstehen können. Für die im Jahr 2016 ankommenden Asylberechtigten sind voraussichtlich jährliche Kosten in Höhe von rund 815.000 Euro zu erwarten.

Zusammenfassend lässt sich feststellen, dass die gesundheitliche Lage bzw. die medizinische Versorgung von Asylberechtigten aus Syrien, Afghanistan, dem Irak und Eritrea von Einflussgrößen aus dem Herkunftsland, der Flucht sowie den Bedingungen im Ankunftsland bestimmt wird.

[291] vgl. Schenk/Neuhauser, 2005; Spallek/Razum, 2008, S. 283

[292] Da im Jahresabschlussbericht des Landes Hessen für 2015 nur eine Gesamtsumme enthalten ist, die auch Leistungen an die Kommunen beinhaltet und nicht weiter nach Ausgaben differenziert, kann hier nur ein geschätzter Wert angegeben werden.

6.2 Prognose

Im ersten Halbjahr 2017 sind deutlich weniger Flüchtlinge nach Deutschland gekommen als in den Jahren 2015 und 2016. So wurden im ersten Halbjahr 2017 insgesamt 90.389 Asylsuchende in Deutschland registriert. Dies entspricht ungefähr der Hälfte der Asylsuchenden im Vergleichszeitraum 2016. Aber auch 2017 waren dies überwiegend Flüchtlinge aus Syrien, Afghanistan, Irak und Eritrea.[293] Entsprechend der Verteilungsquote (7,4 % für 2017) hat Hessen bis August 2017 insgesamt 7.794 Asylsuchende aufgenommen.[294]

Wie sich die Flüchtlingszahlen zukünftig entwickeln werden, ist unklar; eine vollständige Prognose ist daher (noch) nicht möglich. Nach Angaben der UNHCR wurden bislang im Jahr 2017 (Stand November 2017) 5,3 Mio. Flüchtlinge in den Nachbarländern von Syrien registriert. Die Verteilung kann dem Schaubild in Abbildung 6.2 entnommen werden.

Damit besteht eine sehr hohe Wahrscheinlichkeit, dass von diesen 5,3 Mio. syrischen Flüchtlingen noch mehrfach weitere 100.000 nach Deutschland und damit eine entsprechende Anzahl nach Hessen kommen werden, sobald diesen Flüchtlingen neue Fluchtwege eröffnet werden. In diese Betrachtung sind die Flüchtlinge aus Afghanistan, dem Irak und Eritrea noch nicht mit einbezogen. Gleichsam ist auch hier davon auszugehen, dass zukünftig noch weitere Flüchtlinge aus diesen Ländern nach Deutschland und damit auch nach Hessen kommen werden.

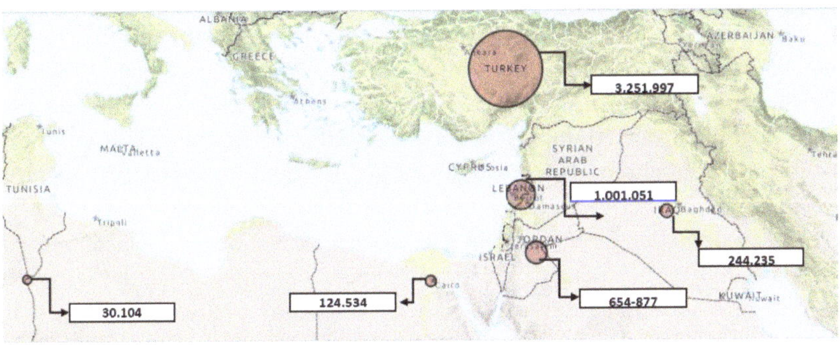

Abbildung 6.2: Aufenthalt von Flüchtlingen aus Syrien[295]

[293] vgl. BMI, 2017
[294] vgl. Land Hessen, 2017
[295] vgl. UNHCR, 2017b

Die sich Mitte 2016 gezeigten Veränderungen in den Flüchtlingsbewegungen haben neben der Schließung der Balkanroute (vgl. Kap. 3.2) noch weitere Ursachen. Diese liegen u. a. in der Vereinbarung der EU mit der Türkei: Die EU-Vereinbarung sieht die Rückführung von Flüchtlingen in die Türkei vor, die illegal nach Griechenland eingereist sind. Im Gegenzug werden syrische Flüchtlinge, die sich in der Türkei befinden u. a. in Deutschland aufgenommen.[296] Weitere Ursachen für Flüchtlingszugänge waren die allgemeine Wetterbesserung im Mittelmeerraum[297]und die aktuelle Lage in Libyen. Diese war auch 2017 noch gekennzeichnet durch andauernde Gefechte um Benghazi, bewaffnete Auseinandersetzungen im Großraum Tripolis und an der tunesischen Grenze sowie Luftangriffe in Westlibyen, Syrte, der Großen Syrte und Derna.[298]

Zukünftig werden die Flüchtlingsbewegungen zunehmend von klimatischen Veränderungen beeinflusst. Die *National Aeronautics and Space Administration* (NASA) führt in einer Veröffentlichung vom 01.03.2016 aus, dass die jüngste Dürre, die seit dem Jahr 1998 im östlichen Mittelmeer vorherrscht und Zypern, Israel, Jordanien, Libanon, Palästina, Syrien und die Türkei umfasst, die wahrscheinlich schlimmste Dürre seit über 900 Jahren ist.[299] Armut und zunehmende Trockenheit werden weitere Teile des Ostens unbewohnbar machen. Auf der Suche nach besseren klimatischen Bedingungen und wegen auftretender Konflikte um die Verteilung von Wasserressourcen in dieser Region werden viele Menschen diese Länder verlassen. *Welt-online* geht daher davon aus, dass aufgrund von Missmanagement, Armut, historischen Konflikten und dem Klimawandel Europa eine noch größere Flüchtlingswelle als 2015 droht.[300] Der Hausärzteverband befürchtet in diesem Zusammenhang, dass Menschen mit Krankheitsbildern nach Deutschland und Hessen kommen werden, über die es hierzulande nur geringe oder keine Kenntnisse gibt.

Dies würde das Gesundheitssystem in Deutschland vor weitere große Herausforderungen stellen. Neben der Auseinandersetzung mit einer Vielzahl von kulturellen Unterschieden spielt dabei auch ein entsprechender Umgang mit diesen und deren Einbindung in den Versorgungsprozess sowie die Versorgung der Krankheiten selbst zukünftig eine weit größere Rolle.[301]

---

[296] vgl. Die Bundesregierung, 2016b
[297] vgl. Land Hessen, 2016d
[298] vgl. Auswärtiges Amt, 2016b
[299] vgl. Grey, 2016
[300] vgl. Yaron, 2016
[301] vgl. Schlingensiepen, 2016

6.3 SWOT-Analyse

Ausgehend von den Ergebnissen und der Prognose der vorangegangenen Kapitel wird im Folgenden eine SWOT-Analyse durchgeführt. Sie ist als ein Strategieinstrument anzusehen und dient der Gewinnung von Hinweisen zur Ableitung von strategischen Stoßrichtungen.[302] Das Verfahren findet in drei Schritten bzw. Stufen statt. Zunächst erfolgt die Stärken-Schwächen-Analyse. Hierbei werden die internen Stärken bzw. Schwächen eines Unternehmens identifiziert und gegenübergestellt – dies sind in der vorliegenden Untersuchung beispielsweise die jeweiligen Stärken bzw. Schwächen des Zugangs zur medizinischen Versorgung sowie des Behandlungsscheins bzw. der eGK.[303] Dabei zielen die Stärken u. a. auf die besonderen Funktionen des Behandlungsscheins/der eGK ab, die dazu geeignet sind, die medizinische Versorgung von Asylberechtigten zu verbessern bzw. bestehende Hindernisse zu beseitigen.[304] Als Schwächen werden hingegen die Beschränkungen oder Defizite herausgearbeitet, welche eine (bessere) medizinische Versorgung von Asylberechtigten verhindern. Eine Stärken-Schwächen-Analyse ist definitionsgemäß gegenwartsbezogen ausgerichtet.[305]

Im zweiten Schritt erfolgt die Chancen-Risiken-Analyse. Hierbei wird das Umfeld, d. h. es werden die externen, nicht beeinflussbaren Gegebenheiten untersucht. Die Chancen-Risiken-Analyse ist dabei auf die Zukunft ausgerichtet. Als Chancen sind im Zusammenhang mit dem Behandlungsschein bzw. der eGK insbesondere Kosteneinsparungen oder eine Veränderung der Inanspruchnahme der medizinischen Versorgung zu nennen. Die Risiken stellen auf der anderen Seite die Nachteile dar, welche sich u. a. negativ auf den Einsatz eines Behandlungsscheines bzw. der eGK auswirken können. Dies wären beispielsweise eine negative Veränderung des Inanspruchnahmeverhaltens der Asylberechtigten in der medizinischen Versorgung, gesetzliche Regularien, mit denen weitere Beschränkungen vorgenommen werden oder eigennützige Interessen der Stakeholder.[306] Als Stakeholder werden sowohl im Zusammenhang mit der Stärken-Schwächen-Analyse als auch bei der Chancen-Risiken-Analyse die Leistungserbringer (z. B. Ärzte), die KVen, die Krankenkassen, aber auch die Politik auf Bundes-, Landes- sowie auf Kommunalebene gesehen.

---

[302] vgl. Meffert et al., 2015, S. 133
[303] vgl. Lippold, 2015, S. 17 f.
[304] vgl. Meffert et al., 2015, S. 135
[305] vgl. Lippold, 2015, S. 18
[306] vgl. Meffert et al., 2015, S. 133 f.

Wurden beide Analysen durchgeführt, erfolgt in Schritt 3 eine Zusammenführung beider Analysen in die sogenannte SWOT-Matrix.[307] Diese liefert im Ergebnis ein möglichst vollständiges und objektives Bild der Ausgangssituation.[308] Das Ziel der SWOT-Analyse ist, im Hinblick auf die Forschungsfrage, zum einen eine Einschätzung vorzunehmen, mit welcher Zugangsberechtigung eine bessere medizinische Versorgung von Asylberechtigten erreicht werden kann und zum anderen, welche Maßnahmen abzuleiten sind, um langfristige Gesundheitsschäden und Folgeerkrankungen von Asylberechtigten abzuwenden und infolgedessen eine dadurch bedingte immense Kostensteigerung der Gesundheitsausgaben zu vermeiden. In diese Betrachtung werden zusätzlich die dargestellte Gesundheitslage (vgl. Kap. 3) sowie die Gesundheitsrisiken der Asylberechtigten, aber auch die Hindernisse aufgrund von Sprache und unterschiedlichen Kulturen/Wertesystemen miteinbezogen. Ebenfalls werden unterschiedliche Argumente und Interessen für die Seite der Asylberechtigten als auch für die Seite der Kostenträger und anderer Stakeholder (z. B. der Politik) in den einzelnen Analysen berücksichtigt.

6.3.1 Stärken-Schwächen-Analyse

Zunächst erfolgt die Darstellung der Stärken bzw. der Schwächen des Zugangs zur medizinischen Versorgung der Asylberechtigten. Hier ist, wie bereits an verschiedenen Stellen der Publikation ausgeführt, zwischen §§ 2, 4 und 6 AsylbLG zu unterscheiden. Durch die Beschränkung der medizinischen Versorgung auf akute Beschwerden und Schmerzzustände (vgl. §§ 4, 6 AsylbLG) besteht für die Kommunen, die Kostenträger sind, eine Kostendeckelung sowie eine Ausgabentransparenz. Somit haben diese im fortlaufenden Jahr einen Überblick über die erbrachten Leistungen und deren Kosten. Als deutliche Schwäche ist anzuführen, dass die Mitarbeiter in der zuständigen Behörde ohne medizinisches Fachwissen entscheiden müssen, was als *akute Beschwerden* und *Schmerzzustände* zu definieren und ob die Leistungsgewährung nach §§ 4 und 6 AsylbLG vorzunehmen ist. Mit der Anspruchsprüfung ist somit ein erhöhter Verwaltungsaufwand für die Kommunen verbunden.[309] Insofern bietet § 2 AsylbLG demgegenüber den Vorteil, dass die Leistungsinanspruchnahme nicht mehr auf akute Beschwerden und Schmerzzustände beschränkt ist. Es erfolgt eine Leistungsgewährung auf Basis des § 11 Abs. 1 SGB V. Damit wird dem Grundsatz der Gleichstellung der Asylberechtigten

[307] vgl. Meffert et al., 2015, S. 135
[308] vgl. Lippold, 2015, S. 18
[309] vgl. Eichenhofer, 2013, S. 174

mit anderen Personengruppen entsprochen. Für den Arzt bedeutet die Leistungserbringung auf Basis des § 2 AsylbLG eine Verringerung des Verwaltungsaufwandes, denn in der Versorgung braucht er dann keine Unterscheidungen hinsichtlich der Personengruppen mehr vorzunehmen. Die Abrechnung der Leistungen erfolgt analog bzw. zusammen mit denen der gesetzlich Krankenversicherten über die KV.[310]

Im Weiteren liegt hier aber auch eine Schwäche hinsichtlich des Leistungsumfangs des § 2 AsylbLG vor. Die gesetzlichen Krankenversicherungen können über die Leistungen nach § 11 Abs. 1 SGB V hinaus ihren Versicherten weitere Leistungen anbieten, wie z. B. einen Bonus für gesundheitsbewusstes Verhalten nach § 65a SGB V, strukturierte Behandlungsprogramme bei chronischen Erkrankungen nach § 137f SGB V oder besondere Versorgungsformen nach § 140a SGB V. Diese *besonderen* Leistungen bleiben den Asylberechtigten verwehrt.

Die Asylberechtigten bringen ein hohes Risiko für chronische Erkrankungen, wie z. B. Ischämische Herzerkrankungen, Diabetes mellitus, Fettleibigkeit sowie Bluthochdruck mit (vgl. Kap. 5). Bezogen auf die medizinische Versorgung kann es als Vorteil dieser Erkrankungen angesehen werden, dass sie auch in Deutschland bekannt sind und eine hohe Erkrankungsquote aufweisen. Für diese Erkrankungen haben sich in der Praxis bereits präventive und therapeutische Maßnahmen etabliert, z. B. strukturierte Behandlungsprogramme. Im Gegensatz dazu stellt das Auftreten von Erkrankungen wie z. B. Tuberkulose das hessische Gesundheitssystem vor neue Herausforderungen. So stieg die Tuberkulose-Inzidenz pro 100.000 Einwohner im Durchschnitt von 2011 bis 2015 von 7,2 auf 9,8 % an.[311] Gleichzeitig ist die Impfquote der Asylberechtigten zu gering, womit eine erhöhte Ansteckungsgefahr unter den Asylberechtigten einhergeht.[312]

Unzureichende Deutschkenntnisse beeinflussen die medizinische Behandlung von Asylberechtigten nachhaltig (vgl. Kap. 5.2). Dies führt zum einen dazu, dass die Asylberechtigten dem Arzt nicht hinreichend erklären können, welche Beschwerden vorliegen. In der Folge kann dies zu Doppeluntersuchungen, aber auch zu Fehlbehandlungen führen.[313] Ein in der Folge gestörtes Patienten-Arzt-Verhältnis kann im Weiteren einen vermehrten Ärztewechsel bedingen. Ebenfalls kann die Inanspruchnahme von Dolmetscher-

[310] vgl. § 264 Abs. 4 SGB V
[311] vgl. Brodhun/Altmann, 2017, S. 65
[312] vgl. WHO, 2016b
[313] vgl. BBMFI, 2014, S. 151

diensten, die von Angehörigen oder anderen, nicht als Dolmetscher qualifizierten Personen erbracht werden, zu Fehlinterpretationen und/oder Verschweigen sowie Auslassungen und damit zu Fehlbehandlungen führen.[314] Eine selbstständige Finanzierung von Dolmetscherdiensten[315] durch die Asylberechtigten führt darüber hinaus zur Nichtinanspruchnahme oder zu einem zeitverzögerten Einsatz dieser Hilfsmaßnahmen.[316] Aus diesem Grund sind Sprachbarrieren infolge unzureichender Deutschkenntnisse als eine Schwachstelle in der medizinischen Versorgung von Asylberechtigten anzusehen. Die sich daraus möglicherweise ergebenden Chancen und Risiken werden in Kapitel 6.3.2 näher erläutert.

Nunmehr wird auf die Stärken und Schwächen des Behandlungsscheins eingegangen. Der Behandlungsschein wird vom zuständigen Träger der Sozialhilfe auf Ersuchen des Asylberechtigten ausgestellt. Damit bietet der Behandlungsschein den Vorteil, dass er nur nach Prüfung der gesetzlichen Anspruchsvoraussetzungen nach §§ 4 und 6 AsylbLG ausgestellt wird. Somit besteht eine klare Begrenzung auf akute Behandlungen und Schmerzen. Der Behandlungsschein ermöglicht den Kommunen somit auch ein gutes Controlling, d. h., es erfolgt eine sachgerechte und auf die vom Asylberechtigten vorgetragenen Beschwerden konkrete Behandlung und Abrechnung der Kosten. Der Behandlungsschein ist ein seit vielen Jahren bewährtes Verfahren.[317] In Hessen ist die Grundlage für die Behandlung und Abrechnung medizinischer Leistungen für Asylberechtigte ein zwischen der KV Hessen und dem Hessischen Städte- und Landkreistag geschlossener *Rahmenvertrag über die amb. ärztliche Versorgung der Leistungsberechtigten nach dem AsylbLG*.[318]

Gleichzeitig stellt das Aufsuchen des zuständigen Trägers der Sozialhilfe zum Ersuchen eines Behandlungsscheins eine hohe Hürde für die Asylberechtigten dar. Zum einen können sie sich als *Bittsteller* fühlen und zum anderen können unzureichende Deutschkenntnisse dazu führen, dass sie Symptome und Anamnese nicht im erforderlichen Umfang darlegen können. In der Folge kann der Behandlungsschein bei einer weiteren Prüfung erst verspätet ausgestellt oder sogar verweigert werden.[319] Darüber hinaus besteht ein weiterer Nachteil darin, dass der Behandlungsschein immer nur für ein Quartal ausgestellt wird. In der Praxis bedeutet dies, dass Asylberechtigte, sofern dauerhafte akute Beschwerden vorliegen, zu Beginn eines jeden Quartals vorab

---

314 vgl. David/Ilkilic, 2010, S. 54
315 vgl. BBMFI, 2014, S. 156
316 vgl. Blum/Steffen, 2012, S. 55
317 vgl. MSAGD, o. J.
318 KV Hessen, 2015, S. 3
319 vgl. BBMFI, 2014, S. 151

den zuständigen Träger der Sozialhilfe aufsuchen und um einen Behandlungsschein ersuchen müssen. Als Nachteil ist auch die Möglichkeit zu werten, die medizinische Behandlung auf bestimmte Ärzte beschränken zu können. Damit wird die freie Arztwahl aufgehoben, die Nichtasylberechtigten gewährt wird.[320] Durch die Ausgabe sowie die Leistungsbeschränkung auf dem Behandlungsschein erfolgt somit eine Benachteiligung der Asylberechtigten gegenüber Nichtasylberechtigten.[321] Für den behandelnden Arzt bedeutet die Leistungserbringung mittels Behandlungsschein einen zusätzlichen Aufwand, da die Leistung manuell über die KV abgerechnet werden muss.[322]

Dem Nachteil einer manuellen Abrechnung der erbrachten ärztlichen Leistung steht der Vorteil des Einsatzes der eGK gegenüber. Hier erfolgt die Abrechnung maschinell und somit zeitsparend.[323] Ebenfalls entlastet die Ausgabe einer eGK die Mitarbeiter bei den zuständigen Trägern der Sozialhilfe, da diese keine Prüfung der Anspruchsvoraussetzungen mehr vornehmen müssen. Die Asylberechtigten können mit der eGK direkt einen Arzt aufsuchen. Hierdurch kann eine erhöhte Inanspruchnahme der Ärzte und damit einhergehend auch eine verbesserte medizinische Versorgung erreicht werden.[324] Mit der Anwendung der eGK werden die Asylberechtigten anderen Versicherten damit grundsätzlich gleichgestellt, sofern die Kommunen auf die Einschränkung gem. §§ 4 und 6 AsylbLG verzichten. Eine Einschränkung der Leistungen bestände dann nur noch bei Leistungen im Antragsverfahren, z. B. Rehabilitationsmaßnahmen oder Zahnersatz.[325]

Bei Einführung der eGK für Asylberechtigte entsteht anstatt eines Vertrags zwischen der jeweiligen KV und den Gebietskörperschaften zukünftig ein Dreiecksverhältnis, da die Krankenkassen als ein weiterer Vertragspartner hinzukommen. Die Rahmenvereinbarung zur Ausgabe der eGK wird zwischen dem Land und den Krankenkassen auf Basis des § 264 Abs. 1 SGB V geschlossen. Diesem Vertrag können die Gebietskörperschaften beitreten.[326] Für die Krankenkassen entstehen damit Mehrbelastungen in Form von personellen Ressourcen durch Beratung der Asylberechtigten hinsichtlich der

[320] vgl. Verbraucherzentrale Bundesverband, 2015
[321] vgl. Land Nordrhein-Westfalen, 2015
[322] vgl. Landkreis Gießen, o. J., S. 5 ff.
[323] vgl. SWR Fernsehen, 2016
[324] vgl. Schnack/Kötter, 2016, S. 53
[325] vgl. MHKBG, 2015a, S. 2
[326] vgl. § 264 Abs. 1 SGB V

Leistungen und der Anwendung der eGK sowie der Verwaltung der Datenbestände der Asylberechtigten.[327] Weitere Kosten entstehen durch die Ausstellung der eGK. Hierfür ist u. a. ein Passfoto der Asylberechtigten notwendig.[328] Die Anmeldung der Asylberechtigten durch die Kommunen bei den Krankenkassen kann dazu führen, dass eine Krankenkasse ggf. überproportional belastet wird. Die Kommunen besitzen hier einen gewissen Handlungsspielraum, was bedeutet, dass sie darüber entscheiden können, welche Krankenkasse in Anspruch genommen wird. Die grundsätzlich freiwillige Teilnahme der Kommunen an dem Vertrag zwischen dem Land und den Krankenkassen nach § 264 SGB V kann dazu führen, dass es innerhalb eines Bundeslandes[329] unterschiedliche Regelungen (Behandlungsschein/eGK) gibt. Dies führt zu einem erhöhten Verwaltungsaufwand bei den Ärzten bzw. bei der KV. Weiterhin gilt auch beim Einsatz der eGK, dass Leistungen wie beispielsweise strukturierte Behandlungsprogramme bei chronischen Krankheiten (DMP) sowie die mit der jeweiligen KV geschlossenen Sonderverträge von der Leistungspflicht ausgenommen sind.[330]

6.3.2 Chancen-Risiken-Analyse

Der eingeschränkte Zugang zur medizinischen Leistung der §§ 4 und 6 AsylbLG und die damit verbundene Anspruchsprüfung des zuständigen Trägers der Sozialhilfe kann dazu führen, dass *akute* Beschwerden nicht als akut (an-)erkannt und somit nicht behandelt werden. In der Folge kann dies zu einer Verschlechterung des Gesundheitszustands bis hin zum Tod führen. Auch können gesundheitliche Probleme, die nicht oder noch nicht akut sind und somit unbehandelt bleiben, zur Chronifizierung führen, woraus für die Kommunen hohe Folgekosten in der Behandlung resultieren.

Des Weiteren birgt der eingeschränkte Zugang zur medizinischen Versorgung das Risiko, dass vorhandene Beschwerden weitere Erkrankungen hervorrufen, sodass es zu Komorbiditäten kommt. Die vorherrschenden Erkrankungen wie Diabetes und Erkrankungen des Kreislaufsystems stehen in einem engen Zusammenhang. Fettleibigkeit stellt ein Risiko für das Kreislaufsystem dar und dessen Erkrankungen führen im Weiteren zu Herz- und Gefäßerkrankungen und in der Folge zu Schlaganfällen.[331] Ein frühzeitiger,

[327] vgl. MSAGD, o. J.
[328] vgl. § 291 Abs. 2 Satz 1 SGB V
[329] vgl. Ausführungen zu NRW
[330] vgl. KVWL, 2015
[331] vgl. Icks/Rathmann, 2014, S. 176 ff.

nicht beschränkter Zugang zur medizinischen Versorgung kann dazu beitragen, dass rechtzeitig positiv und präventiv auf das Gesundheitsverhalten der Asylberechtigten eingewirkt werden kann. Hierdurch kann ein besseres Verständnis für das deutsche Gesundheitssystem erreicht und somit eine leichtere Integration ermöglicht werden. Ein frühzeitiger, uneingeschränkter Zugang zur medizinischen Versorgung könnte mutmaßlich aber auch zu erhöhter Inanspruchnahme führen.

Gleichzeitig kann ein frühzeitiger Zugang zur medizinischen Versorgung aber auch mit Kosteneinsparungen für die Kommunen einhergehen, wenn Erkrankungen frühzeitig erkannt und behandelt werden. Bozorgmehr und Razum haben in der Studie *Effect of Restriction Access to Health Care on Health Expenditures among Asylum-Seekers and Refugees (1994–2013)*[332] untersucht, welche Auswirkungen ein beschränkter Zugang zur Gesundheitsversorgung auf die Gesundheitsausgaben der Asylsuchenden und Flüchtlinge hat. Im Rahmen der Studie wurde der Zeitraum zwischen 1994 und 2013 betrachtet; dabei kam es im Jahr 1997 zu einer Veränderung der Wartezeit[333] von 12 auf 36 Monate sowie 2007 zu einer weiteren Verlängerung auf 48 Monate. Im Ergebnis dieser Studie wurde festgehalten, dass die Gesundheitsausgaben bei den Personengruppen mit beschränktem Zugang (§§ 4 und 6 AsylbLG) um 40 % höher lagen als bei den Personengruppen ohne beschränkten Zugang. In der Summe bedeutet dies, dass die Ausgaben von Asylsuchenden und Flüchtlingen mit beschränktem Zugang zur medizinischen Versorgung pro Kopf um 375,80 Euro höher lagen als für die gleiche Personengruppe ohne beschränkten Zugang (insgesamt über den untersuchten Zeitraum 1,560 Mrd. Euro = 22 % der Gesundheitsausgaben der Gesamtbevölkerung). Eine Veränderung der gesetzlichen Rahmenbedingungen hinsichtlich eines frühzeitigen, möglichst uneingeschränkten Zugangs der Asylberechtigten zur medizinischen Versorgung kann daher als Chance für eine bessere medizinische Versorgung sowie für langfristige Kosteneinsparungen angesehen werden.[334]

Gleichzeitig stellen die herausgearbeiteten Erkrankungen und Risiken in diesem Zusammenhang eine starke Belastung für das Gesundheitssystem dar (vgl. Kap. 3). Sofern Erkrankungen wie Ischämische Herzerkrankung, Diabetes und psychische Erkrankungen verspätet behandelt werden, birgt dies die

[332] dt.: Eine Beschränkung des Zugangs zur Gesundheitsversorgung für Gesundheitsausgaben unter Asylsuchenden und Flüchtlingen (1994–2013)

[333] Als Wartezeit ist die Zeit im Sinne des § 2 AsylbLG gemeint. 2016 betrug diese 15 Monate.

[334] vgl. Bozorgmehr et al., 2015a, S. 1 ff.

Gefahr einer Chronifizierung, einer Verschlimmerung bzw. auch einer langfristigen bis hin zu einer dauerhaften medizinischen Behandlung.[335] Ebenso führen die niedrigen Impfquoten in den Herkunftsländern zu einer erhöhten Infektionsgefahr von impfprävalenten Erkrankungen (z. B. Masern, Keuchhusten) und respiratorischen Erkrankungen (Tuberkulose).[336] Damit gehen eine Verschlechterung des Gesundheitszustands, eine Verringerung der Lebensqualität der Asylberechtigten und eine hohe Kostenbelastung für die Kommunen einher.

Durch die in der Stärken-Schwächen-Analyse dargestellten Schwächen in der medizinischen Versorgung von Asylberechtigten aufgrund von Sprachbarrieren treten in der Folge Risiken für die Asylberechtigten auf. Dazu gehören Fehlbehandlungen, Verschlimmerung des Gesundheitszustands sowie eine Verringerung der Lebensqualität. Für die Kommunen ergeben sich durch diese Sprachbarrieren höhere Behandlungskosten.[337] Gleichzeitig kann die Auseinandersetzung mit den unterschiedlichen Kulturen und Wertesystemen und dessen Verständnis dazu beitragen, ein besseres Verständnis für Gesundheit/Krankheit zu entwickeln. Als Chance bieten sich eine frühzeitige Inanspruchnahme ärztlicher Leistungen und damit eine nachhaltige Veränderung des Gesundheitsbewusstseins an.[338]

Mit der Beibehaltung des Behandlungsscheins für die ärztliche Leistungsinanspruchnahme wird ein bislang bewährtes Verfahren fortgeführt. Es bedarf somit keiner zusätzlichen (finanziellen) Ressourcen. Die Fortführung des Verfahrens führt zu keiner Beteiligung der Krankenkassen und damit zu keinem weiteren Verwaltungsaufwand, der mit höheren Kosten verbunden wäre. Hier besteht die Möglichkeit, das Verfahren zukünftig zu evaluieren und weiterzuentwickeln.[339] Als Risiko der Fortführung des Behandlungsscheins ist anzusehen, dass bei unzureichenden Deutschkenntnissen die Asylberechtigten nicht in der Lage sind, dem Sachbearbeiter beim zuständigen Träger der Sozialhilfe ihre Beschwerden genau darzulegen und damit die Dringlichkeit einer ärztlichen Behandlung zu verdeutlichen. Dies kann ggf. zu einer Ablehnung bzw. Nichtausstellung eines Behandlungsscheins führen. Eine nicht durchgeführte, aber ärztlich notwendige Behandlung kann in der Folge zur Verschlechterung des Gesundheitszustands des Asylberechtigten und damit zu

[335] vgl. Hauth, 2015, S. 7
[336] vgl. Beermann et al., 2015, S. A1717 ff.
[337] vgl. Geiger/Razum, 2006, S. 724 ff.
[338] vgl. Tiarks-Jungk, 2011, S. 55
[339] vgl. MSAGD, o. J.

höheren Behandlungs- und Folgekosten führen.[340] Weiterhin führen die hohen Flüchtlingszahlen zu einer langen Wartezeit beim zuständigen Träger der Sozialhilfe, sodass bei akuten Schmerzen erst zeitverzögert ein Arzt aufgesucht werden kann. Ein vertiefender und ggf. durch einen ärztlichen Gutachter zu prüfender Leistungsanspruch führt zu einer langen Bearbeitungsdauer und damit zu einer verzögerten Leistungsinanspruchnahme.[341] In der Folge wären auch hier eine Verschlechterung des Gesundheitszustands sowie ggf. höhere Behandlungskosten zu erwarten.

Das Risiko einer verspäteten ärztlichen Behandlung kann hingegen durch die eGK abgefangen werden. Durch deren Einsatz ist eine schnellere und zeitnahe Behandlung aller Asylberechtigten möglich. Dies führt zu einer finanziellen Entlastung der Kommunen. Durch die Anwendung der eGK haben die Asylberechtigten annährend den gleichen Leistungsanspruch wie die gesetzlich Krankenversicherten. Damit wird den Asylberechtigten ein über den §§ 4 und 6 SGB V hinausgehender Leistungsanspruch gewährt, sodass die ärztliche Inanspruchnahme nicht mehr nur auf die Notfallbehandlung beschränkt bleibt. In der Folge können Kosten als Folgekosten einer nicht ausreichend behandelten chronischen Erkrankung vermieden werden.[342]

Darüber hinaus besteht die Möglichkeit, in den Kommunen Ressourcen (Personalkosten, Sachkosten usw.) einzusparen. Burmester führt in seinem Aufsatz *Medizinische Versorgung der Leistungsberechtigen nach §§ 4 und 6 AsylbLG über eine Krankenkasse* aus, dass nach Angaben des Landes Hamburg im ersten Jahr nach Einführung der eGK für Flüchtlinge ca. 1,6 Mio. Euro durch eine Reduzierung des Verwaltungsaufwands (Personal, IT, Räumlichkeiten usw.) eingespart werden konnten. Demgegenüber stehen die durch die eGK zusätzlich anfallenden Verwaltungskostenpauschalen in Höhe von 8 Euro pro Person sowie 5 Euro je Bedarfsgemeinschaft für eine Inanspruchnahme des Medizinischen Dienstes der Krankenversicherung (MDK) für gutachterliche Stellungnahmen. Insgesamt würden Burmesters Auffassung nach in dem Hamburger Modell die Einsparungen durch die eGK überwiegen.[343]

Eine Kosteneinsparung ist daher auch für das Land Hessen anzunehmen, wobei die Einsparungen nicht im Detail beziffert werden können. Weitere Einsparungen können zukünftig auch im Leistungsausgabenbereich realisiert werden, wenn die Kommunen die eGK über die Krankenkasse für ihre Asyl-

---

[340] vgl. BBMFI, 2014, S. 151
[341] vgl. Verbraucherzentrale Bundesverband, 2015
[342] vgl. MHKBG, 2015a, S. 3
[343] vgl. Burmester, 2015, S. 107 ff.

berechtigten nutzen. So profitieren diese insbesondere von den Rabattvereinbarungen (z. B. im Arzneimittelbereich) sowie von weiteren Steuerungsinstrumenten (z. B. Prüfung durch den MDK) der Krankenkassen.[344]

Eine eGK ermöglicht zudem eine schnellere Integration der Asylberechtigten in das bestehende Gesundheitssystem, was in der Folge den Grad der Benachteiligung dieser Personengruppen gegenüber anderen Personengruppen abschwächt.[345] Damit würde dem Anliegen der Bundesregierung, formuliert im sogenannten Strategiepapier (September 2015),[346] sowie dem Anliegen der hessischen Landesregierung, formuliert im sogenannten Hessischen Aktionsplan (Dezember 2015), auf eine menschenwürdige Gesundheitsversorgung Rechnung getragen.[347] Dem steht aktuell der eingeschränkte Zugang der §§ 4 und 6 AsylbLG entgegen.

Ein wesentlicher weiterer Vorteil ergibt sich bei der Einführung bzw. Nutzung der eGK durch die elektronische Datenspeicherung. Da es aktuell keine statistischen Daten zur gesundheitlichen Lage von Asylberechtigten gibt, kann hier zukünftig eine Evaluation des Versorgungsgeschehens, insbesondere der Erkrankungen sowie der Ausgabenentwicklung, erfolgen. Auch ist eine Gegenüberstellung von bisherigen Ausgaben möglich (Behandlungsschein vs. eGK inkl. Verwaltungskostenpauschale).[348] Die so ermittelten Daten würden eine gezielte Steuerung der Ausgabenentwicklung erlauben, z. B. in Form von zielgruppengerechten Präventionsangeboten oder Vorsorge- bzw. Nachsorgemaßnahmen für Asylberechtigte.

Da sich das Inanspruchnahmeverhalten der Asylberechtigten verändern könnte und über die eGK ggf. auch Leistungen erbracht und abgerechnet werden könnten, die nicht als Notfallbehandlung anzusehen sind, besteht neben der Verbesserung für die Asylberechtigten das Risiko für die Kommunen, dass die Leistungsausgaben überproportional steigen. Hinzu kommen die dadurch anfallenden Verwaltungskosten, die bisher nicht zu den Ausgaben der Kommunen gehören.[349] In diesem Fall könnte es zu einem Regressanspruch gegenüber dem Arzt kommen, wenn die Kommune der Ansicht ist, die erbrachte Leistung würde nicht unter die §§ 4 und 6 AsylbLG fallen. Gleichzeitig könnte die eGK zu einer Doppelbelastung des Arztes führen, insbesondere in Grenzregionen von Kommunen, sofern eine Kommune die eGK eingeführt hat und die andere Kommune den Behandlungsschein beibehält. In

---

[344] vgl. MSAGD, o. J.
[345] vgl. Land Nordrhein-Westfalen, 2015
[346] vgl. BBMFI, 2015
[347] vgl. Land Hessen, 2015a, S. 17
[348] vgl. MSAGD, o. J.
[349] vgl. Haufe, 2015

diesen Fallkonstellationen entstünde für den Arzt ein erhöhter Verwaltungsaufwand in der Dokumentation und der Abrechnung erbrachter Leistungen. Damit würde diese Vorgehensweise dem eigentlichen politischen Willen einer Gleichberechtigung zuwiderlaufen. Ebenfalls vereinfacht der Einsatz der eGK einen Arztwechsel, insbesondere dann, wenn zwischen dem Asylberechtigten und dem Arzt Verständigungsprobleme auftreten, die nicht beseitigt werden können. Ein häufiger Arztwechsel würde in der Folge zu einer höheren Kostenbelastung der Kommunen führen.[350]

6.3.3 SWOT-Matrix

Die Darstellung der Ergebnisse der Stärken-Schwächen-Analysen erfolgt anhand einer Tabelle, wobei für jeden Einflussfaktor (Zugang zur medizinischen Versorgung, Behandlungsschein bzw. eGK, Erkrankungen, Zugangsbarrieren in Form von Sprache, Kultur- und Wertesystemen) auf die medizinische Versorgung zur besseren Übersichtlichkeit eine eigene Matrix verwendet wird (vgl. Tab. 6.1–6.4). Die horizontale Ausrichtung der SWOT-Matrix ist dabei auf die Stärken und Schwächen ausgerichtet, in der vertikalen Richtung erfolgt die Darstellung der Chancen und Risiken. Damit wird die Verknüpfung beider Analysen in verständlicher und übersichtlicher Form sowie die Ableitung von Maßnahmen ermöglicht.

[350] vgl. Ilkilic, 2006, S. 26

Zugang zur medizinischen Versorgung

Tabelle 6.1: SWOT-Matrix „Zugang zur medizinischen Versorgung“

<table>
<tr><th></th><th>Stärken</th><th>Schwächen</th></tr>
<tr><td>Chancen</td><td>eingeschränkter Zugang (§§ 4, 6 AsylbLG)
= Kostendeckelung sowie Kostentransparenz

frühzeitiger Zugang (§ 2 AsylbLG):
• Vorbeugen der Ungleichbehandlung mit anderen Personengruppen
• besseres Verständnis für das deutsche Gesundheitssystem sowie besseres Gesundheitsverhalten (positives Einwirken auf Kultur und Wertesystem → nachhaltige Veränderung)
• frühzeitiges Erkennen und Behandeln von Erkrankungen zur Vermeidung einer Verschlimmerung bzw. Chronifizierung = Vermeidung von Folgekosten
• Entlastung des Arztes bzw. der KV hinsichtlich der Leistungserbringung und Abrechnung
• Einsparung der Ausgaben in Höhe von rund 40 %</td><td>eingeschränkter Zugang:
• Ungleichbehandlung von Personengruppen
→ widerspricht damit den Intentionen der Bundesregierung
→ widerspricht den Intentionen des Landes Hessen</td></tr>
<tr><td>Risiken</td><td>frühzeitiger Zugang (§ 2 AsylbLG):
• höhere Leistungsausgaben für Kommunen
• erhöhtes Inanspruchnahmeverhalten</td><td>Entscheidung über akut kann dazu führen, dass Leistungen nicht erbracht werden:
• Verschlimmerung des Zustands
• Auftreten von Komorbiditäten bis hin zum Tod
→ hohe Folgekosten</td></tr>
</table>

Gesundheitsstatus/-risiken

Tabelle 6.2: SWOT-Matrix „Gesundheitsstatus/-risiken"

	Stärken	Schwächen
Chancen	Ischämische Herzerkrankungen, Diabetes, Fettleibigkeit, Bluthochdruck, Neubildungen usw. gehören auch in Deutschland zu bekannten Erkrankungen mit hohen Erkrankungsraten, sodass hierfür bereits Maßnahmen zur Prävention bzw. Behandlung etabliert sind (DMP; Präventionsprogramme) • ermöglichen eine gezielte Behandlung und damit Senkung von Folgekosten für die Kommunen • Verbesserung des Gesundheitszustands und Erhöhung der Lebensqualität der Asylberechtigten	Die Prävalenzen von Erkrankungen (z. B. Tuberkulose, HIV/AIDS, Protein-Energie-Mangelernährung) sind in Deutschland nicht so hoch wie in den Herkunftsländern der Asylberechtigten • Auseinandersetzung mit *neuen* Krankheitsbildern • Schaffen von zukünftigen Behandlungsstrukturen • Vermeidung von Verschlimmerung des Gesundheitszustands des Asylberechtigten → weniger dauerhafte Behandlungskosten für Kommunen
Risiken	Ischämische Herzerkrankungen, Diabetes, Fettleibigkeit, Bluthochdruck, Neubildungen usw. gehören auch in Deutschland zu bekannten Erkrankungen mit hohen Erkrankungsquoten und könnten daher gut behandelt werden • hohe Prävalenz bei den Asylberechtigten führt dennoch zu hohen Leistungsausgaben für Kommunen	• hohe Prävalenz für chronische Erkrankungen o bei verspäteter Behandlung kann Chronifizierung eintreten und damit eine dauerhafte Behandlung notwendig sein o Komorbiditäten können auftreten • hohe Prävalenz für Tumore o verspätetes Erkennen kann zu langfristigen Behandlungen führen • psychische Erkrankungen o können zu langfristigen bis hin zu dauerhaften Behandlungen führen • niedrige Impfquote o führt zu einer erhöhten Infektionsgefahr o Verschlimmerung des Gesundheitszustands, Verringerung der Lebensqualität o hohe Behandlungskosten für Kommunen

Behandlungsschein/eGK

Tabelle 6.3: SWOT-Matrix „Behandlungsschein/eGK“

<table>
<tr><th></th><th>Stärken</th><th>Schwächen</th></tr>
<tr><td>Chancen</td><td>Behandlungsschein
bewährtes Verfahren
• direkte Vereinbarung zwischen KVen und Kommunen (Vertragspartner, welche direkt betroffen sind)
→ Weiterentwicklung Vertrags- und Versorgungsstrukturen aufgrund der Erfahrungswerte
eGK
• direkte Leistungsinanspruchnahme ohne Umweg über die Behörde
→ keine Ungleichbehandlung anderer Personengruppen sowie frühzeitige Inanspruchnahme ärztlicher Leistungen
• Leistungsanspruch auf Basis GKV
→ bessere medizinische Versorgung
• keine Fehlentscheidung über die Ausstellung eines Behandlungsscheins aufgrund von Verständigungsproblemen bzw. interkulturellen Problemen
• Nutzung von Kostensteuerungsinstrumenten der GKV
• maschinelle Abrechnung
→ Entlastung der Ärzte und KVen
• Evaluation durch elektronische Erfassung:
o Statistische Erfassung der Diagnosen nach ICD-10
o Gegenüberstellung bisherige Kosten: Verfahren Behandlungsschein vs. eGK
o Abbildung der Ausgabenentwicklung
o Steuerungsmöglichkeiten von Kosten
• Umsetzung des Strategiepapiers der Bundesregierung sowie des Hessischen Aktionsplanes der hessischen Landesregierung
→ menschenwürdige Gesundheitsversorgung</td><td>Behandlungsschein
Ausstellung im Vorfeld der Leistungsinanspruchnahme durch die zuständige Behörde
• Kostentransparenz; Controlling
• planbare Ausgabenentwicklung, da Leistungen entsprechend §§ 4, 6 AsylbLG erbracht werden
eGK
• zusätzliche Einbindung der Krankenkassen in die Versorgung
o hoher Verwaltungsaufwand durch Beratung und Datenverwaltung der Asylberechtigten
o Nutzung von Rabattvereinbarungen und anderen Steuerungsinstrumenten
→ Kosteneinsparung in der medizinischen Versorgung von Asylberechtigten
• hohe Anschaffungskosten (z. B. eGK)
o Einsparung von Ressourcen (Personal, Sachkosten) bei den Kommunen vgl. Beispiel Hamburg (1,6 Mio. € im ersten Jahr)
→ Entlastung der Kommunen</td></tr>
</table>

<table>
<tr>
<td>Risiken</td>
<td><u>Behandlungsschein</u>
• bewährtes Verfahren
→ kann aufgrund der hohen Zahl an Flüchtlingen zu einer Überlastung der Behörde und damit zu einer verspäteten Ausstellung des Behandlungsscheins führen
• Ermessensentscheidung der Kommune über Leistungsgewährung kann zu Fehlentscheidungen (z. B. Ablehnung des Ausstellens eines Behandlungsscheins führen)
→ ggf. Zusatz-/Folgekosten für Kommunen
→ Verschlimmerung des Gesundheitszustandes des Asylberechtigten

<u>eGK</u>
• Vereinfachung der Inanspruchnahme von Ärzten
o erhöhte Leistungsinanspruchnahme
o häufiger Arztwechsel
→ Kostenausweitung für die Kommunen
• Leistungserbringung auf Basis GKV
o ggf. Regressansprüche gegenüber dem Arzt, wenn die zuständige Behörde der Auffassung ist, die Leistungserbringung entspricht nicht den §§ 4, 6 AsylbLG</td>
<td><u>Behandlungsschein</u>
hohe Bürokratie
• Ausstellung des Behandlungsscheines durch zuständige Behörde
→ bei unzureichenden Deutschkenntnissen ggf. Ablehnung des Leistungsanspruchs
• Prüfung des Leistungsanspruchs durch ärztlichen Dienst
→ verspätete Ausstellung des Behandlungsscheins und damit ggf. Zusatz-/Folgekosten
• Leistungsbeschränkung auf Quartal bzw. Arzt
→ zusätzliches Aufsuchen der zuständigen Behörde (Bittstellerfunktion)
• geringere Leistungsinanspruchnahme
→ Verschleppung bzw. Verschlimmerung von Erkrankungen

<u>eGK</u>
freiwillige Teilnahme der Kommunen
• Ungleichbehandlung von Asylberechtigten innerhalb eines Bundeslandes
→ widerspricht damit dem eigentlichen Ziel der eGK

→ erhöhter Verwaltungsaufwand für Ärzte und KVen, wenn Behandlungsschein sowie eGK in einem Bundesland genutzt werden</td>
</tr>
</table>

Zugangsbarrieren (Sprache, Kultur- und Wertesysteme)

Tabelle 6.4: SWOT-Matrix „Zugangsbarrieren der Sprache sowie des Kultur- und Wertesystems"

	Stärken	Schwächen

Chancen	unterschiedliche Kulturen und Werte
	• ermöglichen ein gegenseitiges Kennenlernen
	• besseres Verständnis für Gesundheit und Krankheit
		unterschiedliche Kulturen und Werte
		• das dadurch bedingte andere Verständnis von Gesundheitsverhalten kann nachhaltig verändert werden, z. B. durch
		  o frühzeitige Inanspruchnahme von ärztlichen Leistungen
		  o Gesundheitsförderung

Risiken	unterschiedliche Kultur/Werte
	• anderes Verständnis für Gesundheit/Krankheit und damit Verweigerung von Behandlungen
	• Verschlimmerung des Gesundheitszustandes, Verringerung der Lebensqualität der Asylberechtigten
	• Distanz im Arzt-Patienten-Verhältnis
	• hohe Leistungsausgaben für Kommunen
		unzureichende Deutschkenntnisse
		• keine genaue Beschreibung der Beschwerden
		• Fehlbehandlung, Doppeluntersuchungen
		• häufiger Arztwechsel
		• Übersetzungshilfen (Familie usw.)
		  o Fehlinterpretation, Verschweigen, Auslassungen usw.
		  o eigene Finanzierung der Dolmetscher
		  → keine Inanspruchnahme; zeitverzögerter Einsatz

6.4 Interpretation

Wie den SWOT-Analysen zu entnehmen ist, sind aus der Stärken-Schwächen-Analyse mehr Stärken als Schwächen hervorgegangen, die zukünftig auch als Chancen in der medizinischen Versorgung von Asylberechtigten genutzt werden können. Gleichzeitig sind Schwächen vorhanden, die hohe Risiken in der medizinischen Versorgung hervorrufen. So führt der verspätete Zugang zur medizinischen Versorgung zu einer Benachteiligung der Asylberechtigten und begründet damit die Zugehörigkeit zu einer bestimmten sozial-kategorisierten Gruppe.[351] Im Ergebnis führt diese Benachteiligung zu gesundheitlichen Konsequenzen.[352] Das bedeutet, dass es zu einer Verschlechterung des Gesundheitszustands sowie zu einer Verringerung der Lebensqualität bei den Asylberechtigten kommen kann. Daraus folgend führt diese Benachteiligung ebenso zu hohen Behandlungskosten für die Kommunen.

[351] vgl. Lammers, 2015, S. 93
[352] vgl. Lammers, 2015, S. 94

Demgegenüber stehen die Stärken eines frühzeitigen Zugangs zur medizinischen Versorgung. Dieser bietet eine Vielzahl von Chancen, z. B. Vermeidung einer verspäteten Inanspruchnahme ärztlicher Leistungen, um eine bessere Versorgung der Asylberechtigten zu ermöglichen. Weiterhin wird der vom Grundgesetz vorgegebenen Garantie eines menschenwürdigen Existenzminimums entsprochen.[353] Gleichzeitig können bis zu 40 % der Leistungsausgaben eingespart werden.[354] Für das Land Hessen hätten sich auf Basis der in Kapitel 4 berechneten Ausgaben nach den §§ 2, 4 und 6 AsylbLG und auf Grundlage der Krankheitskosten folgende mögliche Einsparungen ergeben (vgl. Tab. 6.5).

Tabelle 6.5: Mögliche Einsparungen in der medizinischen Versorgung der Asylberechtigten

	Ausgaben	40 % Einsparungen	Ergebnis
2015			
§§ 4, 6 AsylbLG	49.160.000	19.664.000	29.496.000
§ 2 AsylbLG	25.370.000	10.148.000	15.222.000
Krankenkosten gesamt	**2.567.326**	**1.026.930**	**1.540.396**
2016			
§§ 4, 6 AsylbLG	24.830.000	9.932.000	14.898.000
§ 2 AsylbLG	17.430.000	6.972.000	10.458.000
Krankenkosten gesamt	**814.744**	**325.898**	**488.846**

Somit ist festzustellen, dass die Verbesserung des Zugangs, insbesondere auf der Ebene der Primärversorgung, erforderlich ist.[355]

Ferner sind der Einsatz und die Funktionen der eGK als Stärken und somit als eine Chance anzuführen. Damit können ebenfalls Kosten eingespart werden. Hierzu kann auf die Einsparungen des Bundeslands Hamburg verwiesen werden. Durch den Einsatz einer eGK besitzen die Asylberechtigten und die ihnen gleichgestellten Ausländer annährend dieselben Rechte bei der Gesundheitsversorgung wie die regulär Krankenversicherten.[356] Mit der Einführung der eGK kann daher ein Abbau von Stigmatisierungs- und Diskriminierungserfahrungen erfolgen.[357]

Im Bereich der Erkrankungen bzw. medizinischen Risiken der Asylberechtigten aus Syrien, Afghanistan, dem Irak und Eritrea liegen mehr Schwächen in Kombination mit zukünftigen Risiken vor als Stärken und Chancen. Zum

[353] vgl. BÄK, 2014, S. 278 f.
[354] vgl. Bozorgmehr/Razum, 2015a, S. 1 ff.
[355] vgl. Aspinall, 2014
[356] vgl. BÄK, 2014, S. 278 f.
[357] vgl. Hornung, 2014, S. 372

einen bestehen Erkrankungen und medizinische Risiken, die auch in Deutschland in der Bevölkerung vorherrschen. Hierfür gibt es bereits etablierte Maßnahmen, z. B. strukturierte Behandlungsprogramme nach § 137f SGB V oder Präventionsprogramme, die derzeit aber nicht ausreichend bzw. gar nicht in §§ 2, 4 und 6 AsylbLG erfasst sind. Diese bereits etablierten Angebote bieten sich daher als Chance für eine optimale Versorgung der Asylberechtigten an. Zum anderen bringen die Asylberechtigten Erkrankungen und medizinische Risiken mit, für deren Behandlung in Deutschland erst Strukturen auf- bzw. ausgebaut werden müssen. Bozorgmehr, Nöst, Thaiss et al. haben in ihrer Befragung zur gesundheitlichen Versorgungssituation von Asylsuchenden festgestellt, dass die medizinische Versorgung einzelner Gruppen nicht ausreichend sichergestellt ist. Dies gilt insbesondere für Asylbewerber mit psychischen Erkrankungen, mit (schwerwiegenden) chronischen Erkrankungen und für Kinder.[358]

Weiterhin wurde festgestellt, dass die Impflücken in den Erstaufnahmeeinrichtungen nicht generell geschlossen werden konnten. Im Rahmen der Weiterverlegung in die Folgeunterkünfte gibt es zudem keine geregelten Verfahren, die den Impfbedarf systematisch und verlässlich kommunizieren. Darüber hinaus sind in der Praxis bei der Verlegung in Gemeinschaftsunterkünfte keine besonderen Verfahren zur Erfassung von Versorgungsbedarfen etabliert, z. B. zur psychischen Gesundheit, zu chronischen Erkrankungen, Suchtproblemen, Schwangerschaft und Wochenbett.[359] Schlichtweg fehlt es letztlich an Routinedaten zur Erhebung des Gesundheitszustands der Asylberechtigten. Es gibt keine einheitliche und strukturelle Datenerhebung und -erfassung in den Erstaufnahmeeinrichtungen, den Gemeinschafts- und Privatunterkünften der Kommunen sowie später, nach der Anmeldung, bei den Krankenkassen.[360]

Die herausgearbeiteten Schwächen und zukünftigen Risiken im Bereich der Erkrankungen bzw. medizinischen Risiken können grundsätzlich auch im Zusammenhang mit dem eingeschränkten Zugang zur medizinischen Versorgung gesehen werden. In einer Untersuchung von Diel, Rüsch-Gerdes und Niemann zu der Epidemiologie von Tuberkulose bei Asylbewerbern in Hamburg im Zeitraum zwischen 1997 und 2002 wurde festgestellt, dass die Asylbewerber mit einem eingeschränkten Zugang nach Auftreten der ersten Symptome erst nach 6,5 +/– 5,2 Wochen eine ärztliche Versorgung in Anspruch nahmen. Bei anderen Migranten würde die Zeit ab dem Auftreten

[358] vgl. Bozorgmehr et al., 2016b, S. 554
[359] vgl. Bozorgmehr et al., 2016b, S. 546 ff.
[360] vgl. Razum et al., 2016, S. A132 f.

erster Symptome bis zur Inanspruchnahme einer medizinischen Versorgung bei 4,9 +/– 3,1 Wochen liegen.[361] Einfluss auf die Wartezeit bis zur Inanspruchnahme ärztlicher Leistungen haben auch die Zugangsbarrieren im Bereich der Sprache sowie der Kultur und Werte. Unzureichende Deutschkenntnisse verhindern eine optimale medizinische Versorgung.[362] Darüber hinaus haben Bozorgmehr, Nöst, Thaiss et al. in ihrer oben genannten Befragung auch festgestellt, dass Informationsmaterialien nur in wenigen, Informationen zu HIV/AIDS und Tuberkulose nur in manchen, Informationen zu Impfungen jedoch in fast allen der benötigten Sprachen vorliegen würden.[363] Damit besteht eine hohe Varianz hinsichtlich der Verfügbarkeit von Materialien.[364] Daraus ergibt sich, dass eine Verbesserung der medizinischen Versorgung der Asylberechtigten erforderlich ist.

Auf Basis der SWOT-Analyse und der Interpretation der Ergebnisse wird in Kapitel 7 eine Handlungsempfehlung erarbeitet, mit der die Stärken und damit verbundenen Chancen zukünftig in der medizinischen Versorgung von Asylberechtigten genutzt werden können. Gleichzeitig sind Handlungsempfehlungen zu erstellen, mit denen die Schwächen und Risiken beseitigt bzw. abgemildert werden. Die vorhandenen Zugangsbarrieren stellen eine große Schwäche und damit ein erhöhtes Risiko in der medizinischen Versorgung der Asylberechtigten dar. Diese gilt es vorrangig zu beseitigen, damit ein frühzeitiger, uneingeschränkter Zugang und der frühzeitige Einsatz der eGK ihre Wirkungen voll entfalten können.

6.5 Fazit

Im Rahmen der SWOT-Analyse wurden die Stärken und Schwächen sowie die Chancen und Risiken für die verschiedenen Einflussfaktoren in der medizinischen Versorgung von Asylbewerbern herausgearbeitet. Es wurde festgestellt, dass der eingeschränkte Zugang zur ärztlichen Versorgung hohe medizinische Risiken für die Asylberechtigten in Form einer möglichen Verschlimmerung des Gesundheitszustands sowie einer Chronifizierung von Krankheiten birgt. Damit gehen hohe Ausgaben für die Kommunen einher.[365] In diesem Zusammenhang ist auch die Behandlung der Krankheitsbilder und der

---

[361] vgl. Diel et al., 2004, S. 2954
[362] vgl. BBMFI, 2014, S. 151
[363] vgl. Bozorgmehr et al., 2016b, S. 546 ff.
[364] vgl. Bozorgmehr et al., 2016b, S. 546 ff.
[365] vgl. Hauth, 2015, S. 7

Risiken der Asylberechtigten zu beachten. Zugangsbarrieren wie unzureichende Deutschkenntnisse,[366] die jeweilige Kultur und das vorhandene Wertesystem erschweren die Kommunikation in der medizinischen Versorgung und können zu Fehlbehandlungen sowie zur Unterlassung medizinischer Therapien führen.[367] Mit dem Einsatz der eGK können zum einen die Benachteiligung der Asylberechtigten gegenüber anderen Personengruppen abgewendet und zum anderen, wie am Beispiel Hamburg verdeutlicht wurde, Kosten eingespart werden.[368] Auf Basis der Interpretation der Ergebnisse aus der SWOT-Analyse wird in Kapitel 7 eine Handlungsempfehlung erarbeitet. Hierbei ist zu berücksichtigen, dass aufgrund der Prognose, dass in Zukunft weitere Flüchtlingsströme zu erwarten sind, dauerhafte übergreifende Maßnahmen zu etablieren sind, die nicht an bestimmte Herkunftsländer geknüpft sind.

[366] vgl. BBMFI, 2014, S. 151
[367] vgl. Geiger/Razum, 2006, S. 724 ff.; Gün, 2011, S. 24
[368] vgl. Burmester, 2015, S. 107 ff.

7 Handlungsempfehlungen

Ausgehend von der Diskussion in Kapitel 6 wird über diese Ergebnisse eine weiterführende Handlungsempfehlung erarbeitet. Diese soll dem Land Hessen Erfolg versprechende Maßnahmen aufzeigen, mit denen die medizinische Versorgung von Asylberechtigten weiter verbessert werden kann und Kosteneinsparungen ermöglicht werden können. Die Handlungsempfehlung wird dabei in die erarbeiteten einzelnen Teilbereiche untergliedert.

7.1 Zugang zur medizinischen Versorgung/eGK

Im Rahmen der SWOT-Analyse wurde herausgearbeitet, dass ein verspäteter Zugang zu der medizinischen Versorgung für Asylberechtigte zu einer längeren Wartezeit bis zur Inanspruchnahme von ärztlichen Leistungen[369] sowie zu hohen Behandlungskosten für die Kommunen führt.[370] Es wird daher dem Land Hessen empfohlen, sich für eine Gesetzesänderung dahingehend einzusetzen, dass die eingeschränkte medizinische Versorgung der §§ 4 und 6 AsylbLG sowie die Wartezeit von 15 Monaten für die Leistungsinanspruchnahme des § 2 AsylbLG aufgehoben werden. Für Asylberechtigte sollte zukünftig ab dem ersten Tag ein Leistungsanspruch nach § 2 AsylbLG gelten.[371]

Um die Versorgung darüber hinaus weiter zu verbessern und gleichzeitig eine frühzeitige Inanspruchnahme ärztlicher Leistungen zu erreichen, wird dem Land Hessen empfohlen, mit dem frühzeitigen Zugang zur medizinischen Versorgung auch die eGK für Asylberechtigte einzuführen. Dies stellt einen wesentlicher Faktor dar, um das Ziel zu erreichen, dass einerseits den Asylberechtigten und den ihnen gleichgestellten Ausländern die gleichen Rechte in der Gesundheitsversorgung wie den regulär Krankenversicherten ermöglicht[372] und andererseits die Stigmatisierungs- und Diskriminierungserfahrungen abgebaut werden.[373] Wichtig ist dabei, dass die vorgenannten Regelungen landesweit in Hessen, besser noch auf Bundesebene umgesetzt werden, damit die Asylberechtigten zukünftig nicht innerhalb eines Bundeslandes sowie darüber hinaus in den einzelnen Bundesländern unterschiedlich behandelt werden. Dies könnte den Verwaltungsaufwand insgesamt verringern und helfen, Kosten einzusparen.[374] Die unterschiedliche Handhabung der eGK

[369] vgl. Diel et al., 2004, S. 2954
[370] vgl. Bozorgmehr/Razum, 2015a, S. 1 ff.
[371] vgl. Bradby et al., 2015, S. 16 ff.
[372] vgl. BÄK, 2014, S. 278 f.
[373] vgl. Hornung, 2014, S. 372
[374] vgl. Leopoldina, 2015, S. 3

könnte hingegen den Abbau von Stigmatisierungs- und Diskriminierungserfahrungen verhindern, wenn nicht sogar zu deren Verstärkung führen.[375] Mit der Umsetzung dieser beiden Maßnahmen würde zudem die Forderung des Weltärzteverbands nach einem vollen Umfang der medizinischen Versorgung mit professioneller und moralischer Unabhängigkeit, mit Mitgefühl und unter Achtung der Menschenwürde umgesetzt.[376]

7.2 Gesundheitsstatus/-risiken

In der Handlungsempfehlung für den Bereich der Erkrankungen bzw. gesundheitlichen Risiken erfolgt zusätzlich eine kurze Information über Angebote, welche bereits im Land Hessen vorzufinden sind.

Nach Angaben des Hessischen Ministeriums für Soziales und Integration (HMSI) vom 28.01.2016 erfolgt entsprechend dem Erlass vom 23.02.2009 über die ärztliche Untersuchung von Asylbewerbern und anderen Personen nach Einreise in Hessen – neben der Aufklärung zu Impfungen im Rahmen der Erstuntersuchung – auf Wunsch der Asylberechtigten auch eine entsprechende Impfung.[377] Nach Aussage des hessischen Sozialministers lag die Impfquote in den Erstaufnahmeeinrichtungen im Durchschnitt in Hessen im Jahr 2015 bei ca. 87 %.[378] Diese Impfquote kann bereits als ein sehr gutes Angebot im Bereich der übertragbaren Infektionskrankheiten angesehen werden. Wichtig ist hierbei jedoch, dass die Impfungen frühzeitig und vollständig vorgenommen werden und dass eine Dokumentation des Impfstatus mittels Impfausweis erfolgt.[379] Darüber hinaus sollte eine weitere Kontrolle des Impfstatus nach Weiterleitung in die Kommunen erfolgen; insbesondere ist hier eine weitere Aufklärung der Asylberechtigten vorzunehmen, um einen vollständigen Impfschutz zu erreichen. Nur so kann den niedrigen Impfquoten der Asylberechtigten aus Syrien und Afghanistan begegnet werden.[380]

In der medizinischen Versorgung sind seitens der KV Hessen verschiedene Anamnesebögen zur Erhebung des Gesundheitszustands von Asylberechtigten in folgenden Sprachen etabliert: Englisch, Französisch, Italienisch, Kroatisch, Polnisch, Portugiesisch, Rumänisch, Russisch, Spanisch, Türkisch, Deutsch, Bulgarisch und Arabisch. Einnahmepläne für Medikamente gibt es

[375] vgl. Hornung, 2014, S. 372
[376] vgl. Ager, 2014, S. 439
[377] vgl. HMAFG, S. 544
[378] vgl. HMSI, 2016b
[379] vgl. RKI, 2015b, S. 440 f.
[380] vgl. WHO, 2016b; WHO, 2015b, S. 9

in den Sprachen Deutsch, Arabisch, Dari, Englisch, Französisch, Persisch sowie Serbokroatisch. Damit ist eine Vielzahl von Dokumenten in unterschiedlichsten Sprachen vorhanden. Für die hier fokussierten Länder wäre noch ein Anamnesebogen in Dari und Tigrinya sowie ein Einnahmeplan in Tigrinya empfehlenswert. Nach den Ausführungen in Kapitel 5.2 werden diese beiden Sprachen überwiegend in Afghanistan sowie Eritrea gesprochen.[381] Die Landesärztekammer Hessen (LÄK Hessen) sowie die Kassenzahnärztliche Vereinigung Hessen (KZV Hessen) verweisen auf ihren Websites hinsichtlich der medizinischen Versorgung von Asylsuchenden zum einen jeweils auf die Website der Kassenärztlichen Vereinigung Hessen mit den oben dargestellten Anamnesebögen sowie auf weitere externe Links anderer Institutionen.[382] So bietet z. B. auch das Medical Mission Institut Würzburg[383] auf seiner Website verschiedensprachliche Erhebungsbögen zum Download an. Die Prüfung der externen Links hat ergeben, dass hier eine Vielzahl an unterschiedlichen Informationen angeboten wird. Um eine optimale Versorgung von Asylberechtigten zu ermöglichen, müssen alle relevanten Informationen, die von Anamnesebögen zu Medikamentenplänen bis hin zu medizinischen Informationen des RKI reichen, auf einer zentralen Plattform den Ärzten gebündelt zur Verfügung gestellt werden. Das Bundesministerium für Gesundheit (BMG) bietet beispielsweise das Informationsportal *Migration und Gesundheit* an, auf dem eine umfangreiche Auswahl an medizinischen Informationen zu finden ist, angeboten in mehreren Sprachen für sowohl Ärzte als auch Patienten.[384]

Das Durchsuchen der einzelnen Websites für die in der Praxis erforderlichen Informationen erschwert den behandelnden Ärzten die medizinische Betreuung und Versorgung. Das Internet stellt auch für Asylberechtigte eine wichtige Informationsquelle dar und sollte entsprechend genutzt werden.[385] So wäre es sinnvoll, über solch ein zentrales Informationsportal auch mehrsprachige Gesundheitsinformationen für Asylberechtigte bereitzustellen. Darüber hinaus bietet es sich an, das zweisprachige Handbuch für die Krankenhausbehandlung arabisch sprechender Patienten über solch ein Portal verfügbar zu machen. Dieses Handbuch bietet Erklärungen für die wichtigsten neurologischen Differentialdiagnosen, die einer sofortigen Therapie bedürfen – dazu zählen akuter Schmerz, Kopfschmerz, Schlaganfall, akute Bewusstseinsstörung und Schwindel. Nach Angaben von Philipp Feige, Chefarzt der

[381] vgl. KV Hessen, 2016
[382] vgl. LÄK Hessen, o. J.; KZV Hessen, 2015
[383] www.medbox.org/anamnesis/toolboxes/listing
[384] www.migration-gesundheit.bund.de
[385] vgl. Leopoldina, 2015, S. 7

Klinik für Neurologie an der Alexianer Klinik Bosse Wittenberg, können erkrankte Flüchtlinge aus Syrien und anderen arabischen Ländern schneller versorgt werden.[386]

Vor allem Frauen und minderjährige Kinder sind oftmals dem Risiko körperlicher, sexueller und psychischer Gewalt ausgesetzt.[387] Zum Schutz dieser Personengruppe hat das Land Hessen u. a. das Programm STEP-BY-STEP im Rahmen eines Modellprojekts zur Traumabehandlung in der Versorgung von Asylberechtigten etabliert. Dabei soll die Einrichtung in Darmstadt, das sogenannte *Michaelis Dorf*, den Asylberechtigten Sicherheit und Schutz bieten. Daneben soll den Gefühlen der Entwurzelung, der Einsamkeit und der Unsicherheit aktiv entgegengewirkt werden.[388] Es wird dem Land Hessen empfohlen, das Angebot zur Traumabehandlung auszubauen und fest in die Versorgung der Asylberechtigten zu integrieren. Wie den Ausführungen in Kapitel 2.2 zu entnehmen ist, wird die posttraumatische Belastungsstörung in vielen Fällen nicht als behandlungsbedürftige Indikation im Sinne der §§ 4 und 6 AsylbLG anerkannt. Jedoch besteht in diesen Fällen die Gefahr, dass eine Chronifizierung mit langfristiger Behandlungsdauer eintritt.[389] Aus diesem Grund sollte die posttraumatische Belastungsstörung uneingeschränkt im Rahmen der medizinischen Versorgung von Asylberechtigten erfolgen. Um Langzeitfolgen zu vermeiden, sind hier sehr niedrigschwellige Gruppentherapien in den Ambulanzen sowie in den sozial-psychiatrischen Zentren für die Asylberechtigten zu etablieren.[390]

Die Ergebnisse der SWOT-Analyse zeigen, dass eine verspätete Behandlung der herausgearbeiteten Erkrankungen und gesundheitlichen Risiken zu einer Chronifizierung sowie zu einer langfristigen Behandlungsdauer führen können. Um diesen Auswirkungen zu begegnen, wurde zum einen bereits empfohlen, den Asylberechtigten einen frühzeitigen Zugang zur medizinischen Versorgung zu ermöglichen. Eine primär regelhafte medizinische Versorgung ist unabdingbar, um Folgeerkrankungen und -kosten zu vermeiden.[391] Im Rahmen der Erstaufnahmeuntersuchung sind dabei akute und chronische Erkrankungen zu erfassen. Diese sind für die Dauer des Aufenthalts in der Erstaufnahmeeinrichtung zu versorgen und darüber hinaus im angemessenen, medizinisch notwendigen Umfang auch in den Kommunen

386 vgl. Alexianer GmbH, 2015
387 vgl. Schmollack, 2016, S. 149; Hödl, 2016, S. 154
388 vgl. HMSI, 2016c
389 vgl. Hauth, 2015, S. 7
390 vgl. Hauth, 2015, S. 7
391 vgl. Schouler-Ocak, 2015, S. 4

weiter zu versorgen.[392] Darüber hinaus sind insbesondere bei der medizinischen Behandlung der Ischämischen Herzerkrankung und des Diabetes mellitus die strukturierten Behandlungsprogramme (DMP) auch in der medizinischen Versorgung bei den Asylberechtigten einzusetzen. Die DMP sorgen für eine leitliniengerechte, nicht medikamentöse und medikamentöse Behandlung. Sie ermöglichen eine Stärkung der Selbstmanagementfähigkeiten durch strukturierte Schulungen der Patienten. Hierdurch wird u. a. die medizinische Versorgung verbessert. Diese verbesserte Versorgung – insbesondere unter dem Einbezug einer leitliniengerechten Therapie – führt zu einer Steigerung der Lebensqualität bei den Asylberechtigten und verringert in der Folge die finanzielle Belastung des Landes Hessen in der medizinischen Versorgung von Asylberechtigten.[393]

Um die Leistungsinanspruchnahme der medizinischen Versorgung für Asylberechtigte zu fördern, ist in der Praxis multidisziplinär ausgebildetes Personal (medizinisches, pflegerisches, gesundheitsverwandtes sowie anderes) einzusetzen. Auch sollten Krankenfahrten zu Arztterminen kostenfrei möglich sein.[394] Die Erhebung der Anamnese sowie die Dokumentation ärztlicher Behandlungen bzw. Untersuchungen sind hessenweit oder besser noch auf Bundesebene durch die entsprechenden Behörden vorzunehmen (= standardisierte Prozesse). Hierfür sind einheitliche Dokumente zu erstellen und zu verwenden. Dies reicht von der genauen Erfassung des Gesundheitsstatus über die Diagnose bis hin zur Therapie. Mit der Nutzung der eGK kann dabei auf elektronische Datenspeicherung und -verarbeitung zurückgegriffen werden. Darüber hinaus ist eine Koordination und Abstimmung aller an den medizinischen Versorgungsprozessen beteiligten Akteure erforderlich.[395]

Neben der Behandlung bereits aufgetretener Erkrankungen und medizinisch erfasster Risikofaktoren (z. B. Bluthochdruck) sind ab Beginn der Aufnahme in den Erstaufnahmeeinrichtungen die Gesundheitsförderung sowie Präventionsprogramme, bezogen auf die entsprechenden Faktoren, vorzuhalten und den Asylberechtigten anzubieten. Die Programme müssen zielgruppengerecht sein, d. h. ethische und kulturelle Besonderheiten berücksichtigen. Durch solche präventiven Maßnahmen lassen sich bestehende Risikofaktoren minimieren und zudem fördern sie ein gesundheitsbewusstes Verhalten.[396]

[392] vgl. Leopoldina, 2015, S. 3
[393] vgl. KBV, 2016
[394] vgl. Joshi et al., 2013, S. 1 ff.
[395] vgl. Leopoldina, 2015, S. 3 ff.
[396] vgl. Brand et al., 2015, S. 591

Wichtig dabei ist, dass es sich um niedrigschwellige und leicht wahrzunehmende Angebote handelt.[397] Um eine hohe Teilnahmequote zu erreichen, wird beispielsweise empfohlen, Sportangebote und Kurse zur gesundheitsbewussten Ernährung direkt in den Erstaufnahmeeinrichtungen sowie in den Gemeinschaftsunterkünften der Kommunen stattfinden zu lassen. So werden die präventiven Angebote direkt zu den Asylberechtigten gebracht und diese müssen keine Eigeninitiative ergreifen.[398] Aufgrund unzureichender Deutschkenntnisse sowie unterschiedlicher Kulturen ist davon auszugehen, dass ein externes Angebot beispielsweise in Sportvereinen weniger genutzt werden würde. Dies zeigt sich u. a. auch darin, dass Menschen mit Migrationshintergrund deutlich seltener Mitglieder in einem Sportverein sind als Menschen ohne Migrationshintergrund. Dies trifft insbesondere auf Frauen zu.[399]

Es ist daher erforderlich, eine neue Präventionsstrategie im Setting *Asylberechtigte* zu etablieren. Als *Setting* wird ein anerkanntes soziales System (hier die Gruppe der Asylberechtigten) bezeichnet, in dem versucht wird, mittels Gesundheitsförderung die Gesundheit positiv zu beeinflussen. In der Praxis bedeutet dies, über das Setting Zugang zu dieser Zielgruppe zu erhalten, um dort u. a. Gesundheitsaufklärung zu leisten.[400] In diesem Setting kann beispielsweise eine Aufklärung über die Wichtigkeit der Inanspruchnahme von Vorsorgeuntersuchungen, insbesondere für die Früherkennung von Krebserkrankungen, vorgenommen werden.[401] Im Rahmen der Primärprävention können zudem die Erkrankungen des Kreislaufsystems und des Diabetes mellitus, die durch die Risikofaktoren eines erhöhten Blutzuckers sowie eines erhöhten Blutdrucks entstehen können, durch entsprechende Maßnahmen verringert werden. Im Rahmen der Erstaufnahmeuntersuchung kann beispielsweise der Body-Mass-Index der Asylsuchenden ermittelt werden. Durch sich daran anschließende gezielte Aufklärungsmaßnahmen, z. B. gemeinsame Kochkurse in den Erstaufnahmeeinrichtungen, kann ein angemessenes Problembewusstsein entwickelt werden, um das Körpergewicht zu reduzieren.[402] Dabei sollten diese Adipositas-Programme den Nahrungstabus der Muslime Rechnung tragen.[403] Zur nicht medikamentösen Blutdrucksenkung sollten in den Erstaufnahmeeinrichtungen und in den Gemeinschaftsunterkünften der

---

[397] vgl. Hornung, 2014, S. 371
[398] vgl. Hornung, 2014, S. 372
[399] vgl. BBMFI, 2014, S. 190
[400] vgl. Köchert et al., 2016, S. 31
[401] vgl. Klotz, 2014, S. 117 ff.
[402] vgl. Böhler/Dziuk, 2014, S. 165 ff.
[403] vgl. Geiger, 2014, S. 110 ff.

Kommunen verhaltensmedizinische Maßnahmen, z. B. gemeinsame sportliche Aktivitäten und hier insbesondere Mannschaftssportarten wie Fußball, Volleyball usw. angeboten werden. Durch diese Maßnahmen wird eine Steigerung der Lebensqualität der Asylberechtigten sowie langfristig eine Kostensenkung für die Kommunen erreicht.[404]

Zur Implementierung solcher Präventionsprogramme bietet es sich an, engagierte Migranten, die zu interkulturellen Gesundheitsmediatoren ausgebildet wurden, einzubeziehen. Diese können in der jeweiligen Muttersprache über die einzelnen Maßnahmen aufklären und im Rahmen einer persönlichen Kommunikation sachverhaltsbezogen beraten und somit für eine Teilnahme werben. Durch eine persönliche und direkte Ansprache können Einstellungs- und Verhaltensänderungen erreicht werden.[405] In Gemeinschaftsunterkünften sowie in den Privatwohnungen von Asylberechtigten kann für das Selbstmanagement von Angeboten zur Prävention auf die Website des Kooperationsverbunds *Gesundheitliche Chancengleichheit*[406] hingewiesen werden. Diese Seite bietet u. a. eine Suchmöglichkeit für bundesweite Angebote zur Gesundheitsförderung, die sich insbesondere an Menschen in schwieriger sozialer Lage richten. In der Auswahlliste kann hierbei als Zielgruppe *Asylbewerber* ausgewählt werden.[407]

7.3 Sprachbarrieren sowie Kultur und Wertesystem

Wie unter dem Bereich Gesundheitsstatus/-risiken ausgeführt, sind in der medizinischen Versorgung Anamnesebögen in verschiedenen Sprachen zur Kommunikation zwischen Arzt und Patient sehr wichtig.[408] Diese Dokumente sind um mehrsprachige Informationstexte über Erkrankungen und Therapiemöglichkeiten zu ergänzen. Dieses Angebot ist außerdem auf einer wie zuvor beschriebenen Informationsplattform (z. B. die des BMG) zu veröffentlichen.[409] Zur besseren Verständigung und Kommunikation könnten auf dieser Plattform Bildmaterialien zum Antippen bereitgestellt werden. Hier gibt es z. B. *Tip doc*. Dem Patienten werden Bilder mit verschiedenen Körperteilen gezeigt, die er passend zu seinen Symptomen antippen kann. Ergänzt werden diese Bilder um weitere Merkmale wie Zeitangaben, um feststellen zu können,

---

[404] vgl. Kruse, 2014, S. 91 f.
[405] vgl. Blümel, 2015, S. 598
[406] www.gesundheitliche-chancengleichheit.de
[407] vgl. Gesundheit Berlin-Brandenburg e.V., o. J.
[408] vgl. Armut und Gesundheit in Deutschland e. V., o. J.
[409] vgl. Leopoldina, 2015, S. 7

seit wann die Beschwerden vorliegen.[410] Im Bereich der Zahnheilkunde gibt es ebenfalls ein entsprechendes Piktogrammheft für die Zahnarztpraxis: *Kommunikation ohne Worte*.[411] Jedoch ist deren Einsetzbarkeit begrenzt und kann darüber hinaus andere Formen der Sprach(ver-)mittlung nicht ersetzen. Gerade im Falle von Interaktionen und Rückmeldungen zu komplexen Beschwerden und Therapieabläufen sind die in verschiedenen Sprachen erstellten Merkblätter nicht mehr hilfreich.[412] In der Stadt Wuppertal wird daher ein Sprach- und Integrationsmittlerdienst angeboten. Dieser soll als *Brückenbauer* zwischen Asylberechtigten und Ärzten fungieren, aber auch in anderen Einrichtungen des Gesundheitswesens fachspezifisch übersetzen, Missverständnisse aufklären sowie Konflikte entschärfen.[413] Der Einsatz dieser *Brückenbauer* in der medizinischen Versorgung wird auch dem Land Hessen empfohlen. In Zusammenarbeit mit diesen können Asylberechtigte Termine bei (Fach-)Ärzten vereinbaren und damit den Zugang zur Versorgung verbessern. Im Weiteren kann der Dolmetscher in der Behandlung Hilfestellung bei der Übersetzung bzw. Erklärung von unbekannten klinischen Verfahren sowie notwendigen Behandlungen leisten.[414] Neben den reinen Dolmetschern gibt es noch sogenannte *Kulturdolmetscher*. Sie übersetzen nicht nur, sondern geben darüber hinaus Hilfestellung in kultursensiblen Beratungen. Der Vorteil liegt in der Erhöhung der Compliance beider Seiten (Patienten und Ärzte) und einer sich dadurch ergebenden Kosten- und Zeitersparnis.[415] Insgesamt führen sie damit zu einer Erleichterung der Inanspruchnahme des Gesundheitssystems und zu einer Verbesserung der Versorgungssituation.[416]

Im Weiteren werden, insbesondere im Bereich der zahnärztlichen Versorgung, professionelle Übersetzer mittels Telekommunikation (Telefondolmetscher) angeboten. Diese finden ihren besonderen Einsatz in medizinischen Einrichtungen mit Nachtdiensten.[417] Ebenfalls gibt es die Möglichkeit, eine Video-Dolmetscher-App zur besseren Verständigung in der ärztlichen Behandlung zu nutzen. In der Praxis werden diese Angebote aber noch nicht in solcher Form genutzt, als dass ihr Potenzial voll ausgeschöpft wäre. Daher wird empfohlen, für diese Dienste und deren Einsatz mehr zu werben.[418]

---

[410] vgl. setzer verlag, o. J.
[411] vgl. BZÄK, 2016
[412] vgl. Bozorgmehr et al., 2016b, S. 550
[413] vgl. Morina, 2017
[414] vgl. Cheng et al., 2015
[415] vgl. Caritasverband Mannheim e. V., 2016
[416] vgl. Bermejo et al., 2012, S. 952
[417] vgl. BBMFI, 2014, S. 156
[418] vgl. Bozorgmehr et al., 2016b, S. 551

Da sowohl professionelle als auch kultursensible Dolmetscherdienste von den Einrichtungen sowie von den Patienten selbst zu finanzieren sind, werden sie in der Praxis nur in geringem Maße genutzt. Angesichts des hohen Nutzens solcher Dienste sollten diese den Patienten und den Angehörigen der Gesundheitsberufe kostenfrei zur Verfügung gestellt werden.[419] Zur Umsetzung hat die Beauftragte der Bundesregierung für Migration, Flüchtlinge und Integration zwei Lösungswege vorgeschlagen:

> „Aufnahme der Sprachmittlung in den Leistungskatalog des SGB V oder eine Bereitstellung von Gemeindedolmetscherdiensten. Im stationären Bereich sollten die internen Dolmetscherdienste, die vereinzelt eingerichtet wurden, ausreichend qualifiziert und honoriert werden."[420]

Da den Asylberechtigten die medizinischen Leistungen nicht von den Krankenkassen, sondern von den Kommunen gemäß dem AsylbLG gewährt werden, wird vorgeschlagen, die Leistung durch die Bereitstellung von Gemeindedolmetscherdiensten sicherzustellen.

Im Settingansatz *Asylberechtigte* können zur Vermittlung *MiMi*-Mediatoren eingesetzt werden. *MiMi* steht dabei für die Integration von Migranten in das deutsche Gesundheitssystem mithilfe von Migranten (Mit Migranten für Migranten). Das Programm umfasst einen interkulturellen Settingansatz, in dem Migranten mit langjährigem Aufenthalt in Deutschland kultursensible Schulungsmaßnahmen im Bereich der Prävention durchführen, um Asylberechtigten nachhaltig den Zugang zu relevanten Gesundheitsinformationen sowie die Inanspruchnahme von Vorsorgeangeboten der Regelversorgung zu ermöglichen bzw. zu erleichtern.[421] Dabei besteht die Möglichkeit, die Programminhalte mit religiösen Inhalten zu verknüpfen oder zu unterlegen,[422] z. B. insbesondere hinsichtlich einer Abwägung, ob das Fasten bei medizinischen Behandlungen verschoben werden kann.[423] Daneben sollten weitere kulturspezifische Angebote wie Kurse in verschiedenen Sprachen (z. B. Geburtsvorbereitungskurse) und Klinikführungen (etwa durch die Notaufnahme) zum besseren Verständnis des deutschen Gesundheitssystems und der hiesigen Kultur angeboten werden.[424] Dabei ist der jeweilige Wissens- bzw. Bildungsstand der Asylberechtigten zu berücksichtigen, insbesondere die

---

[419] vgl. Bradby et al., 2015, S. 16 ff.
[420] BBMFI, 2014, S. 156
[421] vgl. Ethno-Medizinisches Zentrum e.V., 2009
[422] vgl. Brand et al., 2015, S. 588
[423] vgl. David/Ilkilic, 2010, S. 55
[424] vgl. Blum/Steffen, 2012, S. 63 f.

unzureichenden Deutschkenntnisse und die hohe Analphabetisierung.[425] Der Austausch in der Muttersprache unter *MiMi* ermöglicht eine authentische und kongruente Kommunikation und damit eine zielgerichtete Unterstützung bei der Durchführung dieser Maßnahmen.[426]

Darüber hinaus sind in der medizinischen, pflegerischen und therapeutischen Ausbildung Aspekte zur kulturellen Sensibilität in der Gesundheitsversorgung, besondere geschlechterspezifische Anforderungen sowie eine erhöhte Sensibilisierung für psychische Erkrankungen bei Flüchtlingen und Asylberechtigten aufzunehmen.[427] Ebenfalls hat eine Beschäftigung von mehrsprachigem Personal in den medizinischen Einrichtungen zu erfolgen und im Rahmen von Niederlassungsmöglichkeiten sind mehrsprachige Ärzte besonders zu berücksichtigten.[428] Hierdurch könnte Asylberechtigten eine fremdsprachige ärztliche Sprechstunde angeboten werden.[429] Kulturelle Kompetenz und die damit einhergehende erhöhte Sensibilität in der Beratung bzw. der ärztlichen Konsultation ermöglicht es, die Eigenverantwortung für die Gesundheit von Asylberechtigten zu stärken.[430]

7.4 Forschung

Es besteht derzeit bundesweit keine ausreichende Datenerfassung zur gesundheitlichen Lage von Asylsuchenden.[431] Aus diesem Grund wird empfohlen, eine Erhebung der Gesundheitsdaten von der Ankunft in den Erstaufnahmeeinrichtungen bis zur Unterbringung in den Kommunen inklusive einer Fluchterhebung (= Belastungen vor und nach der Flucht) vorzunehmen[432] sowie den Aufbau ausreichender Forschungskapazitäten, ggf. auf Bundesebene, anzustoßen.[433] Zur Erfassung sollten die Erkrankungen in Form von ICD-Diagnosen, Vorerkrankungen, Risikofaktoren, die Ergebnisse des Tuberkulose-Screenings, andere Screening-Ergebnisse sowie Sozial- und Umweltfaktoren gehören. Um diese Daten vollständig erheben und nutzen zu

[425] vgl. Razum et al., 2008, S. 109
[426] vgl. Kofahl et al., 2009, S. 57
[427] vgl. Bradby et al., 2015, S. 16 ff.
[428] vgl. BBMFI, 2014, S. 156
[429] vgl. Blum/Steffen, 2012, S. 63 f.
[430] vgl. Hornung, 2014, S. 372; Erim/Koch, 2011, S. 6
[431] vgl. RKI, 2015a, S. 177
[432] vgl. Razum et al., 2016, S. A132 f.
[433] vgl. Leopoldina, 2015, S. 7 f.

können, müssen entsprechende datenschutzrechtliche Bestimmungen festgelegt werden.[434] Eine bundesweite Einführung der eGK würde diese Dokumentation auf elektronischem Wege zielführend unterstützen.[435]

Für die Dokumentation der Erkrankungen, Beschwerden, Impfungen usw. bietet sich in einem ersten Schritt, wenn Asylberechtigte noch als Flüchtlinge in die Erstaufnahmeeinrichtung kommen, ein Gesundheitspass an. Das Land Rheinland-Pfalz testet den Einsatz eines solchen Passes. Ausgehend von diesen Erfahrungen könnte das Land Hessen einen analogen Gesundheitspass entwickeln und an die Flüchtlinge ausgeben.[436]

Gleichzeitig ist die Gruppe der Asylberechtigten in das Gesundheitsmonitoring (DEGS – Studie zur Gesundheit Erwachsener in Deutschland; KIGGS – Studie zur Gesundheit von Kindern und Jugendlichen in Deutschland) einzubeziehen.[437] Mit dieser umfangreichen Erhebung und Dokumentation könnte der Bedarf an Maßnahmen zur gesundheitlichen Versorgung einschließlich der Präventionsangebote zukünftig ermittelt und regelmäßig an die veränderten Gegebenheiten (Ausmaß von Fluchtbewegungen) angepasst werden.[438] Diese Dokumentation kann ebenfalls dazu beitragen, in Deutschland unbekannte Krankheitsbilder systematisch zu erfassen, um daraus ableitend eine Versorgungskette aufzubauen.[439] Damit kann auch das Ziel, einen besseren Zugang zur Gesundheitsversorgung für Flüchtlinge und Asylberechtigte zu ermöglichen, erreicht werden.[440] Gleichzeitig könnte mithilfe dieser Maßnahmen das vorgestellte Modell hinsichtlich der Einflussfaktoren auf die gesundheitliche Versorgung in der Lebenslaufperspektive der Asylberechtigten empirisch belegt bzw. auch widerlegt werden.

7.5 Umsetzbarkeit der Maßnahmen am Beispiel von Hessen

Um die zuvor dargestellten Maßnahmen je Teilbereich in Hessen umsetzen zu können, sind mehrere Schritte notwendig. Dabei ist zu beachten, dass einzelne Maßnahmen direkt vom Land Hessen eingeleitet bzw. umgesetzt werden können. Bei anderen Maßnahmen ist das Land Hessen auf weitere Verfahrensbeteiligte angewiesen.

---

[434] vgl. Bozorgmehr et al., 2016b, S. 552; Leopoldina, 2015, S. 7 f.
[435] vgl. Bozorgmehr et al., 2016b, S. 554
[436] vgl. Land Rheinland-Pfalz, 2016
[437] vgl. Leopoldina, 2015, S. 7 f.; RKI, 2013a
[438] vgl. Razum et al., 2016, S. A132 f.; Leopoldina, 2015, S. 7 f.
[439] vgl. Schlingensiepen, 2016
[440] vgl. Bradby et al., 2015, S. 16 ff.

Änderungen der gesetzlichen Regelungen

Das AsylbLG ist ein Bundesgesetz, d. h., es wird auf Bundesebene verabschiedet bzw. erlassen. Für die Änderung des AsylbLG für eine Inanspruchnahme ärztlicher Leistungen ohne Wartezeit bzw. auch der Einbezug der DMP in die Versorgung ist eine gesetzliche Änderung auf Bundesebene erforderlich. Diese kann entweder durch die Bundesregierung, den Bundesrat oder aus der Mitte des Bundestags eingebracht werden.[441] Der Bundesrat ist dabei das Parlament der Landesregierungen. Das bedeutet, das Land Hessen könnte über den Bundesrat eine Gesetzesinitiative für eine Änderung des AsylbLG anregen.[442]

Einführung der eGK

Um eine Einführung der eGK in Hessen zu erreichen, könnte das Land die Kommunen per Erlass auffordern, eine entsprechende Rahmenvereinbarung nach § 264 Abs. 1 SGB V zwischen dem Land Hessen und den Krankenkassen umzusetzen. Die Vorgehensweise wurde bereits durch das Land Schleswig-Holstein praktiziert. Dieses hat per Erlass vom 29.12.2015 die Kommunen zur landesweiten Einführung der eGK aufgefordert.[443]

Die Rahmenvereinbarung sollte dabei keine Beschränkung auf akute Behandlungen sowie Schmerzzustände gem. § 4 AsylbLG vorsehen. Dies ermöglicht eine entsprechende Umsetzung der Empfehlungen im Bereich Gesundheitsstatus/-risiken.

Informationsmaterial für die medizinische Versorgung

Das Land Hessen sollte das zentrale, digitale Informationsportal des BMG im Ausbau bzw. in der Zurverfügungstellung von Informationen unterstützen. Ebenso können u. a. die K(Z)Ven, L(Z)ÄKn und Krankenhäuser aus Hessen ihren Beitrag leisten. So können Informationsmöglichkeiten für Asylberechtigte gemeinsam mit allen Institutionen erarbeitet werden.

Etablierung von Maßnahmen der Gesundheitsförderung sowie Präventionsprogramme

Die Etablierung von Maßnahmen zur Gesundheitsförderung sowie von Präventionsprogrammen in den Erstaufnahmeeinrichtungen kann durch das Land Hessen eigenständig erfolgen. Das HMSI hat die Fachaufsicht über das Regierungspräsidium Gießen und könnte über diesen Weg entsprechende

---

441 vgl. Bundesrat, 2016a
442 vgl. Bundesrat, 2016b
443 vgl. Land Schleswig-Holstein, 2015, S. 1

Maßnahmen anstoßen bzw. umsetzen.[444] Für eine Etablierung dieser Maßnahmen in den Gemeinschaftsunterkünften sollte das Land Hessen die Kommunen von deren Vorteilhaftigkeit überzeugen und zur Umsetzung anhalten. An diesem Prozess sind neben der Politik ausgebildete Migranten, Ärzte, Experten für Ernährung und Sport, aber auch Krankenkassen, (Sport-)Vereine, Selbsthilfegruppen und andere Leistungserbringer zu beteiligen. Für jede einzelne Maßnahme gibt es Institutionen, die über das entsprechende Know-how verfügen. Durch eine enge Zusammenarbeit können die entsprechenden Maßnahmen erfolgreich umgesetzt werden.

Maßnahmen bei Sprachbarrieren und unterschiedlichem kulturellen Verständnis

Zur Förderung des kulturellen Verständnisses sollten die K(Z)Ven und die Krankenhäuser Schulungsmaßnahmen für Ärzte bzw. für Mitarbeiter anbieten. Hier könnten gleichzeitig die unterstützenden Hilfsmittel (z. B. Tip doc oder Video-Dolmetscher-App) vorgestellt und für deren Einsatz geworben werden. Sowohl der Sprach- als auch der Kulturmittlerdienst sollte bei den Kommunen errichtet werden, die auch die Kosten für diesen Dienst tragen sollten.

Forschung

Für die Umsetzung einer vollständigen Dokumentation sind an diesem Prozess die Erstaufnahmeeinrichtungen, die Kommunen, die Krankenkassen, K(Z)Ven, Krankenhäuser und alle weiteren Leistungserbringer zu beteiligen. Die Daten sind anschließend auf Länderebene über die Statistischen Landesämter und im Weiteren bei den Statistikämtern des Bundes (Gesundheitsberichtserstattung des Bundes, Statistisches Bundesamt, RKI) zusammenzufassen und zu bewerten. Darüber hinaus sind die einzelnen Maßnahmen im Zeitablauf zu evaluieren, die Ergebnisse sind anschließend für eine Verbesserung des Versorgungsbedarfs der Asylberechtigten zu veröffentlichen.

Die einzelnen Umsetzungsprozesse sollten von den beteiligten Institutionen eng begleitet und kontrolliert werden. Zusammenfassend ergibt sich ein Schaubild als Handlungsleitfaden für die medizinische Versorgung von Asylbewerbern im Land Hessen (vgl. Abb. 7.1).

[444] vgl. Regierungspräsidium Darmstadt, 2016

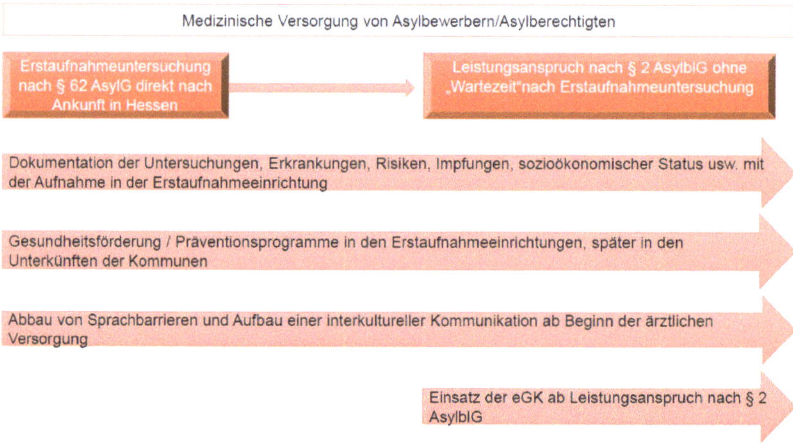

Abbildung 7.1: Handlungsleitfaden für die medizinische Versorgung von Asylbewerbern im Land Hessen

Abschließend zeigt sich damit, dass dem Land Hessen eine Vielzahl von Möglichkeiten zur Verfügung steht, die medizinische Versorgung von Asylbewerbern nachhaltig zu verbessern. Auf die dieser Publikation zugrunde liegenden Forschungsfrage nach Möglichkeiten zur Abwendung langfristiger Gesundheitsschäden und Folgeerkrankungen von Asylbewerbern/Asylberechtigten und einer dadurch bedingten immensen Kostensteigerung der Gesundheitsausgaben konnten – sofern diese entsprechend umgesetzt werden – effektive Maßnahmen identifiziert und damit positive Antworten gegeben werden. Das bedeutet, mit diesen Maßnahmen können langfristige Gesundheitsschäden und Folgeerkrankungen von Asylbewerbern/Asylberechtigten abgewendet oder zumindest gemildert werden. Zeitgleich ist damit auch eine Kosteneinsparung für die Leistungsträger zu erwarten.

8 Zusammenfassung

Die Gesundheitssysteme, insbesondere das in Hessen, müssen auf die anhaltenden und zunehmenden Flüchtlingsströme zukünftig vorbereitet sein.[445] Allein im Jahr 2015 sind mehr als eine Million Flüchtlinge nach Deutschland gekommen,[446] im Jahr 2016 waren es insgesamt 280.000 Flüchtlinge (= 20.500 Flüchtlinge in Hessen).[447] Im Jahr 2017 ist ein enormer Rückgang der Flüchtlingszahlen zu verzeichnen, dennoch wird davon ausgegangen, dass auf Europa aufgrund von Missmanagement, Armut, historischer Konflikte sowie dem Klimawandel mittelfristig eine noch größere Flüchtlingswelle als 2015 zukommt.[448]

Die Flüchtlinge, die nach Deutschland und Hessen einwandern, kommen aus Ländern mit einer unzureichenden Gesundheitsversorgung. Auf der Flucht sind sie zusätzlichen gesundheitlichen Belastungen und Risiken ausgesetzt.[449] Die Aufnahme von Flüchtlingen in den oben genannten Größenordnungen stellt daher das deutsche Gesundheitssystem, insbesondere auch die gesundheitliche Versorgung im Land Hessen, vor eine große Herausforderung. Aus diesem Grund hat sich die vorliegende Publikation mit der Fragestellung beschäftigt:

Wie können langfristige Gesundheitsschäden und Folgeerkrankungen von Asylbewerbern/Asylberechtigten abgewendet und eine dadurch bedingte immense Kostensteigerung der Gesundheitsausgaben vermieden werden?

In der Herausarbeitung verschiedener Aspekte zur medizinischen Versorgung von Flüchtlingen wurde sich in der Untersuchung auf den Personenkreis der Asylberechtigten aus Syrien, Afghanistan, dem Irak und Eritrea beschränkt. Dieser Personenkreis verfügt über eine sehr hohe Gesamtschutzquote, sodass diese eine Aufenthaltserlaubnis mit dreijähriger Gültigkeit erhalten.[450] Zunächst wurden für diesen Personenkreis die verschiedenen Leistungsansprüche nach dem AsylbLG vorgestellt. Anschließend wurden anhand der Statistikprofile der WHO der jeweilige Gesundheitsstatus sowie die Gesundheits-

[445] vgl. Jakab, 2015
[446] vgl., StMAS Bayern, 2015
[447] vgl. Land Hessen, o. J.b
[448] vgl. Yaron, 2016
[449] vgl. Leopoldina, 2015, S. 1
[450] vgl. BAMF, 2015d

risiken herausgearbeitet und in Vergleich zu dem Gesundheitsstatus der deutschen Bevölkerung gesetzt. Die Asylberechtigten bringen demnach eine hohe Prävalenz für chronische Erkrankungen wie z. B. die Ischämische Herzerkrankung oder Diabetes mellitus mit. Ebenfalls bestehen gesundheitliche Risikofaktoren wie ein erhöhter Blutdruck oder Blutzucker. Insgesamt geht damit ein hoher Behandlungsbedarf einher.

Einen großen Einfluss auf den Behandlungsbedarf und vor allem auf die Behandlungsdauer dieser Erkrankungen hat eine verspätete Inanspruchnahme ärztlicher Leistungen, die in § 4 AsylbLG bedingt ist. Zusätzlich trägt die Ausstellung eines Behandlungsscheins durch die zuständige Behörde zu dieser verspäteten Inanspruchnahme bei. Unzureichende Deutschkenntnisse und unterschiedliche Kultur- und Wertesysteme können in der medizinischen Behandlung dazu führen, dass Asylberechtigte sich nicht verständlich genug ausdrücken können.[451] In der Folge kann dies zu Missverständnissen und Fehlbehandlungen führen.[452]

Die in den Kapiteln 2–7 herausgearbeiteten Ergebnisse wurden anschließend im Rahmen einer SWOT-Analyse untersucht und bewertet. Hierbei wurden eine Stärken-Schwächen-Analyse sowie eine Chancen-Risiken-Analyse vorgenommen. Die Ergebnisse beider Analysen wurden anschließend in einer Matrix zusammengeführt. Aus dieser Matrix wurde exemplarisch für das Land Hessen eine Handlungsempfehlung abgeleitet.

Das Land Hessen sollte sich für eine Gesetzesänderung dahingehend einsetzen, dass Asylberechtigten ohne eine Wartezeit von 15 Monaten eine Leistungsinanspruchnahme nach § 2 AsylbLG gewährt wird. Durch einen uneingeschränkten, frühzeitigen Zugang zur medizinischen Versorgung könnten die Leistungsausgaben um 40 % gesenkt werden.[453] So hätten bei einem uneingeschränkten, frühzeitigen Zugang zur medizinischen Versorgung im Jahr 2015 von den errechneten Ausgaben für Leistungen nach §§ 2, 4 und 6 AsylbLG in Höhe von ca. 74,53 Mio. Euro insgesamt 29,81 Mio. Euro eingespart werden können. 2016 wäre eine Einsparung in Höhe von 16,90 Mio. Euro von den errechneten Ausgaben nach §§ 2, 4 und 6 AsylbLG in Höhe von 42,26 Mio. Euro möglich gewesen. Im Bereich der Krankheitskosten hätte für das Jahr 2015 von den errechneten Ausgaben in Höhe von ca. 2,56 Mio. Euro eine Einsparung in Höhe von 1,02 Mio. Euro erzielt werden können. 2016 hätte den Berechnungen zufolge die Einsparung 325.898 Euro betragen.

[451] vgl. Brzoska/Razum, 2014, S. 1896
[452] vgl. Geiger/Razum, 2006, S. 724 ff.
[453] vgl. Bozorgmehr/Razum, 2015a, S. 1 ff.

Die Einführung einer hessenweiten eGK würde den Verwaltungsaufwand der Kommunen insgesamt verringern und erhebliche Kosten einsparen.[454] Dies wurde am Beispiel Hamburg deutlich. Im Weiteren kann damit ein Abbau von Stigmatisierungs- und Diskriminierungserfahrungen erfolgen.[455] Ein uneingeschränkter frühzeitiger Zugang sowie der Einsatz der eGK ermöglicht eine frühzeitige Behandlung der herausgearbeiteten chronischen Erkrankungen. So kann einer Verschlechterung des Gesundheitszustands und möglichen Komorbiditäten entgegengewirkt werden. Dadurch lässt sich die Lebensqualität der Betroffenen erhalten und gleichzeitig verringern sich die Folgenkosten für die Kommunen.[456] In den Erstaufnahmeeinrichtungen sowie in den Gemeinschaftsunterkünften sind hinsichtlich der Gesundheitsrisiken Präventionsprogramme zu etablieren. Hilfreich ist dabei, wenn langjährige Migranten diese Maßnahmen unterstützen bzw. durchführen (MiMi-Mediatoren).[457] Hierdurch wird eine höhere Teilnahmequote sowie Akzeptanz bei den Asylberechtigten erreicht.[458]

Um Sprachbarrieren abzubauen, wurde eine Vielzahl von Handlungsempfehlungen erarbeitet. Dem Land Hessen wird empfohlen, beispielsweise Sprach-, Kultur- und Integrationsmittler in der medizinischen Versorgung zu etablieren. Hierdurch werden eine Erleichterung der Inanspruchnahme des Gesundheitssystems und eine Verbesserung der Versorgungssituation von Asylberechtigten erreicht.[459] Darüber hinaus sind kulturspezifische Aspekte in die Aus- und Weiterbildung für die medizinischen und pflegerischen Berufe aufzunehmen.[460]

Die in der Handlungsempfehlung erarbeiteten Maßnahmen sind entsprechend der Forschungsfrage insgesamt dazu geeignet, langfristige Gesundheitsschäden und Folgeerkrankungen von Asylberechtigten abzuwenden und eine dadurch bedingte immense Kostensteigerung der Gesundheitsausgaben zu vermeiden. Wichtige Grundlage bildet dabei die Handlungsempfehlung im Bereich *Forschung*. Nur mithilfe einer nahtlosen und umfassenden Dokumentation kann zukünftig auf Veränderungen in den Flüchtlingsbewegungen reagiert und der medizinische Versorgungsbedarf angepasst werden.[461]

---

454 vgl. Leopoldina, 2015, S. 3
455 vgl. Hornung, 2014, S. 372
456 vgl. Icks/Rathmann, 2014, S. 176 ff.
457 vgl. Blümel, 2015, S. 598
458 vgl. Ethno-Medizinisches Zentrum e.V., 2009
459 vgl. Bermejo et al., 2012, S. 952
460 vgl. Bradby et al., 2015, S. 16 ff.
461 vgl. Razum et al., 2016, S. A132 f.; Leopoldina, 2015, S. 7 f.

Dabei sind die Bereiche Bildung, Beschäftigung, soziale Sicherheit und Unterbringung in die Konzepte zur Gesundheitsversorgung miteinzubeziehen und zu berücksichtigen, da sie auch einen erheblichen Einfluss auf die Gesundheit und das Gesundheitsverhalten von Flüchtlingen und Migranten haben.[462]

[462] vgl. Jakab, 2015

Abkürzungsverzeichnis

AsylG	Asylgesetz
AsylbLG	Asylbewerberleistungsgesetz
AsylVfG	Asylverfahrensgesetz
AufenthG	Aufenthaltsgesetz
BÄK	Bundesärztekammer
BAMF	Bundesamt für Migration und Flüchtlinge
BMG	Bundesministerium für Gesundheit
BW	Baden-Württemberg
BZÄK	Bundeszahnärztekammer
DEGS	Studie zur Gesundheit Erwachsener in Deutschland
DMDI	Deutsches Institut für Medizinische Dokumentation und Information
DMP	Disease-Management-Programm
eGK	elektronische Gesundheitskarte
EBM	Erweiterter Bewertungsmaßstab
EMN	European Migration Network
EU	Europäische Union
GG	Grundgesetz
GKV	Gesetzliche Krankenversicherung
HMAFG	Hessisches Ministerium für Arbeit, Familie und Gesundheit
HMSI	Hessisches Ministerium für Soziales und Integration
ICD	International Statistical Classification of Diseases and Related Health Problems
IFSG	Infektionsschutzgesetz
KIGGS	Studie zur Gesundheit von Kindern und Jugendlichen in Deutschland
KV	Kassenärztliche Vereinigung
KZV	Kassenzahnärztliche Vereinigung
LÄK	Landesärztekammer
L(Z)ÄK	Landes(zahn)ärztekammer
LSG	Landessozialgericht
MDK	Medizinischer Dienst der Krankenversicherung
MiMi	Mit Migranten für Migranten
NASA	National Aeronautics and Space Administration
OVG	Oberverfassungsgericht

RKI	Robert Koch-Institut
Rn.	Randnummer
SGB V	Fünftes Buch Sozialgesetzbuch
SGB XII	Zwölftes Buch Sozialgesetzbuch
StBa	Statistisches Bundesamt
Th.	Thüringer
UNDP	United Nations Development Programme
UNHCR	United Nations High Commissioner for Refugees
UNRWA	United Nations Relief and Works Agency for Palestine Refugees
VG	Verwaltungsgericht
VUBGebV	Verteilungs- und Unterbringungsgebühren-verordnung
WHO	Weltgesundheitsorganisation

Literaturverzeichnis

Ager, A. (2014). *Health and forced Migration.* In: Fiddian-Qasmiyeh, E. (Hrsg.): The Oxford handbook of refugee and forced migration studies. Oxford: Oxford University Press, S. 433–446.

Alexianer GmbH (2015). *Syrischer Arzt entwickelt Handbuch für die Behandlung arabisch sprechender Patienten.* Pressemitteilung vom 24.11.2015. Dessau/Wittenberg. http://www.alexianer.de/presse/pressemitteilungen/?tx_browser_pi1%5B showUid%5D=2266&cHash=1d7fbec7cbe5840d731f56e9d536a482 (30.01.2018).

Amnesty International (Hrsg.) (2017). *Griechenland 2017.* https://www.amnesty.de/jahres bericht/2017/griechenland (30.01.2018).

Amnesty International (Hrsg.) (2012). *Eritrea 2012.* https://www.amnesty.de/jahres bericht/2012/eritrea (30.01.2018).

Amnesty International (Hrsg.) (2011). *Syrien 2011.* https://www.amnesty.de/jahres bericht/2011/syrien (30.01.2018).

Amnesty International (Hrsg.) (2009a). *Afghanistan 2009.* https://www.amnesty.de/jahres bericht/2009/afghanistan-0 (30.01.2018).

Amnesty International (Hrsg.) (2009b). *Irak 2009.* https://www.amnesty.de/jahres bericht/ 2009/irak (30.01.2018).

Anthony, T. (2016). *Krankenversorgung von Flüchtlingen. Gesundheitskarte – „ein Fiasko".* 14.01.2016. https://www.tagesschau.de/inland/fluechtlinge-gesundheitskarte-101.html (01.05.2016).

AOK Bundesverband (Hrsg.) (2016a). *Chronische Erkrankung.* Lexikon. http://aok-bv.de/lexikon/c/index_00275.html (30.01.2018).

AOK Bundesverband (Hrsg.) (2016b). *Prävalenz.* Lexikon. http://aok-bv.de/lexikon/p/index_00166.html (30.01.2018).

Armut und Gesundheit in Deutschland e. V. (Hrsg.) (o. J.). *Medizinische Ambulanzen in der Region Rhein-Main-Neckar-Saar.* Flyer. Armut und Gesundheit in Deutschland e. V. http://www.armut-gesundheit.de/wp-content/uploads/2017/07/ambulanzen_rmns.pdf (30.01.2018).

Ärzte ohne Grenzen (2016a). *„Viele Familien auf der Balkanroute sind völlig erschöpft".* 29.01.2016. https://www.aerzte-ohne-grenzen.de/fluechtlinge-balkanroute-erschoepft-bericht (30.01.2018).

Ärzte ohne Grenzen (2016b). *Ärzte ohne Grenzen: Situation der Flüchtlinge in Idomeni ist untragbar.* 03.03.2016. https://www.aerzte-ohne-grenzen.de/idomeni-griechisch-mazedonische-grenzen-fluechtlinge-hilfe (30.01.2018).

Ärzte ohne Grenzen e. V. (2015). *Mittelmeer: Hilfseinsatz von Ärzte ohne Grenzen im Mittelmeer: Fragen und Antworten.* 07.12.2015. https://www.aerzte-ohne-grenzen.de/fluechtlinge-rettung-mittelmeer-faq (20.05.2016).

Aspinall, P. J. (2014). *Hidden Needs. Identifying Key Vulnerable Groups in Data Collections: Vulnerable Migrants, Gypsies and Travellers, Homeless People, and Sex Workers.* Centre for Health Services Studies, University of Kent. https://www.gov.uk/government/uploads/system/uploads/attachment_data/file/287805/vulnerable_ groups_data_collections.pdf (30.01.2018).

Auswärtiges Amt (Hrsg.) (2016a). *Afghanistan.* Stand – 14.05.2016. http://www.auswaertiges-amt.de/DE/Aussenpolitik/Laender/Laenderinfos/01-Laender/Afghanistan.html? nnm=383178 (14.05.2016).

Auswärtiges Amt (Hrsg.) (2016b). *Libyen: Reisewarnung.* Stand – 27.06.2016. http://www.auswaertiges-amt.de/sid_B48BB8E2EA206A9221BBDD190076324D/DE/Laenderinformationen/ 00-SiHi/Nodes/LibyenSicherheit_node.html (27.06.2016).

Auswärtiges Amt (Hrsg.) (2015a). *Eritrea.* Stand – 14.05.2016. http://www.auswaertiges-amt.de/DE/Aussenpolitik/Laender/Laenderinfos/01-Laender/Eritrea.html? nnm=383178 (14.05.2016).

Auswärtiges Amt (Hrsg.) (2015b). *Irak.* Stand – 14.05.2016. http://www.auswaertiges-amt.de/DE/Aussenpolitik/Laender/Laenderinfos/01-Laender/Irak.html? nnm=383178 (14.05.2016).

Auswärtiges Amt (Hrsg.) (2015c). *Syrien.* Stand – 14.05.2016. http://www.auswaertiges-amt.de/DE/Aussenpolitik/Laender/Laenderinfos/01-Nodes_Uebersichtsseiten/Syrien_node.html (14.05.2016).

BAG – Bundesarbeitsgemeinschaft Politische Bildung Online (Hrsg.) (o. J.). *Syrien – Ein Land zwischen Bürgerkrieg und Wiederaufbau.* Landeszentrale für politische Bildung. http://www.politische-bildung.de/syrien.html (30.01.2018).

BÄK – Bundesärztekammer (Hrsg.) (2014). *117. Deutscher Ärztetag. Beschlussprotokoll. Düsseldorf vom 27. bis 30. Mai 2014.* Bundesärztekammer (Arbeitsgemeinschaft der deutschen Ärztekammern). Berlin. http://www.bundesaerztekammer.de/fileadmin/user_upload/downloads/117.DAeT_Beschlussprotokoll.pdf (30.01.2018).

BAMF – Bundesamt für Migration und Flüchtlinge (Hrsg.) (2017). *Das Bundesamt in Zahlen 2016. Asyl, Migration und Integration.* https://www.bamf.de/SharedDocs/Anlagen/DE/Publikationen/Broschueren/bundesamt-in-zahlen-2016.pdf?__blob=publicationFile (30.01.2018).

BAMF – Bundesamt für Migration und Flüchtlinge (Hrsg.) (2016a). *Das Bundesamt in Zahlen 2015. Asyl, Migration und Integration.* http://www.bamf.de/SharedDocs/Anlagen/DE/Publikationen/Broschueren/bundesamt-in-zahlen-2015.pdf?__blob=publicationFile (30.01.2018).

BAMF – Bundesamt für Migration und Flüchtlinge (Hrsg.) (2016b). *Ankunftszentren.* https://www.bamf.de/DE/Migration/AsylFluechtlinge/Asylverfahren/BesondereVerfahren/ModellverfahrenErprobungszentren/modellverfahren-erprobungszentren.html (26.05.2016).

BAMF – Bundesamt für Migration und Flüchtlinge (Hrsg.) (2016c). *Das deutsche Asylverfahren – ausführlich erklärt. Zuständigkeiten, Verfahren, Statistiken, Rechtsfolgen.* Abteilung Grundlagen des Asylverfahrens, Sicherheit. Nürnberg. http://www.bamf.de/DE/Fluechtlingsschutz/AblaufAsylv/AusgangVerfahren/ErteilungVerlaengerungAT/erteilung-verlaengerung-at-node.html (30.01.2018).

BAMF – Bundesamt für Migration und Flüchtlinge (Hrsg.) (2015a). *Asylgeschäftsstatistik für den Monat Dezember 2015.* Nürnberg. http://www.bamf.de/SharedDocs/Anlagen/DE/Downloads/Infothek/Statistik/Asyl/201512-statistik-anlage-asyl-geschaefts bericht.pdf?__blob=publicationFile (30.01.2018).

BAMF – Bundesamt für Migration und Flüchtlinge (Hrsg.) (2015b). *Das Bundesamt in Zahlen 2014 – Asyl, Migration und Integration.* Nürnberg. http://www.bamf.de/Shared D ocs/Anlagen/DE/Publikationen/Broschueren/ bundesamt-in-zahlen-2014.pdf?__ blob=publicationFile (30.01.2018).

BAMF – Bundesamt für Migration und Flüchtlinge (Hrsg.) (2014). *Flüchtlingsschutz.* http://www.bamf.de/DE/Migration/AsylFluechtlinge/Fluechtlingsschutz/fluechtlingsschutz-node.html (20.01.2016).

BAMF – Bundesamt für Migration und Flüchtlinge (Hrsg.) (o. J.a). *Abschiebungsandrohung.* Glossar. http://www.bamf.de/SharedDocs/Glossareintraege/DE/A/abschiebungs androhung-asyl.html?view=renderHelp[CatalogHelp]&nn=1363262 (30.01.2018).

BAMF – Bundesamt für Migration und Flüchtlinge (Hrsg.) (o. J.b). *Königsteiner Schlüssel.* Glossar. http://www.bamf.de/SharedDocs/Glossareintraege/DE/K/koenigsteiner-schluessel.html?view=renderHelp[CatalogHelp]&nn=1363258 (30.01.2018).

BBMFI – Die Beauftragte der Bundesregierung für Migration, Flüchtlinge und Integration (Hrsg.) (2014). *10. Bericht der Beauftragten der Bundesregierung für Migration, Flüchtlinge und Integration über die Lage der Ausländerinnen und Ausländer in Deutschland.* Berlin: Bonifatius. https://www.bundesregierung.de/Content/DE/_Anlagen/IB/2014-10-29-Lagebericht-lang.pdf?__blob=publicationFile&v=4 (30.01.2018).

BBMFI – Die Beauftragte der Bundesregierung für Migration, Flüchtlinge und Integration (Hrsg.) (2015). *Strategiepapier. Menschlich, ehrlich, gerecht – Eckpunkte für eine integrative Flüchtlingspolitik in Deutschland.* 21.09.2015. https://www.bundesregierung.de/Content/DE/Artikel/IB/Artikel/Allgemein/2015-09-21-eckpunkte.html (30.01.2018).

Beermann, S./Rexroth, U./Kirchner, M./Kühne, A. et al. (2015). *Überblick über epidemiologisch relevante Infektionskrankheiten.* Deutsches Ärzteblatt, 112 (42), S. A1717–A1720.

Bermejo, I./Hölzel, L./Kriston, L./Härter, M. (2012). *Subjektiv erlebte Barrieren von Personen mit Migrationshintergrund bei der Inanspruchnahme von Gesundheitsmaßnahmen.* Bundesgesundheitsblatt, 55 (8), S. 944–953.

Blum, K./Steffen, P. (2012). *Kultursensibilität der Krankenhäuser in Nordrhein-Westfalen.* Deutsches Krankenhaus-Institut. Düsseldorf. https://www.dki.de/sites/default/files/downloads/kultursensibilitaet_der_krankenhaeuser_in_nordrhein-westfalen.pdf (30.01.2018).

Blümel, S. (2015). *Gesundheitliche Aufklärung für Menschen mit Migrationshintergrund.* Bundesgesundheitsblatt, 58 (6), S. 593–600.

BMG – Bundesministerium für Gesundheit (Hrsg.) (2015). *Bedeutung der Gesundheitswirtschaft.* https://www.bundesgesundheitsministerium.de/themen/gesundheitswesen/gesundheitswirtschaft/bedeutung-der-gesundheitswirtschaft.html (23.03.2016).

BMI – Bundesministerium des Innern (Hrsg.) (2017). *90.389 Asylsuchende im ersten Halbjahr 2017.* 07.07.2017, Pressemitteilung. https://www.bmi.bund.de/SharedDocs/pressemitteilungen/DE/2017/07/asylantraege-juni-2017.html (30.01.2018).

Böhler, T./Dziuk, M. (2014). *Prävention von Adipositas.* In: Hurrelmann, K./Klotz, T./Haisch, J. (Hrsg.): Lehrbuch Prävention und Gesundheitsförderung. 4. vollst. überarb. Auflage, Bern: Hans Huber, S. 165–174.

Borstel, S. von/Leubecher, M. (2016). *So will das BAMF 1,2 Millionen Asylanträge bewältigen.* 05.02.2016. Die Welt. http://www.welt.de/politik/deutschland/article151898941/So-will-das-BAMF-1-2-Millionen-Asylantraege-bewaeltigen.html (30.01.2018)

Bozorgmehr, K./Razum, O./Saure, D./Joggerst, B. et al. (2017). *Yield of active screening for tuberculosis among asylum seekers in Germany: a systematic review and metaanalysis.* Review, Euro Surveillance, 22 (12). https://www.ncbi.nlm.nih.gov/pmc/articles/PMC5388130/pdf/eurosurv-22-30491.pdf (30.01.2018).

Bozorgmehr, K./Mohsenpour, A./Saure, D./Stock, C. et al. (2016a). *Systematische Übersicht und „Mapping" empirischer Studien des Gesundheitszustands und der medizinischen Versorgung von Flüchtlingen und Asylsuchenden in Deutschland (1990-2014).* Bundesgesundheitsblatt, 59 (5), S. 599–620.

Bozorgmehr, K./Nöst, S./Thaiss, H. M./Razum, O. (2016b). *Die gesundheitliche Versorgungssituation von Asylsuchenden. Bundesweite Bestandsaufnahme über die Gesundheitsämter.* Bundesgesundheitsblatt, 59 (5), S. 545–555.

Bozorgmehr, K./Razum, O. (2015a). *Effect of Restricting Access to Health Care on Health Expenditures among Asylum-Seekers and Refugees: A Quasi-Experimental Study in Germany, 1994–2013.* Research Article, PloS ONE, 10 (17). http://www.plosone.org/article/fetchObject.action?uri=info:doi/10.1371/journal.pone.0131483&representation=PDF (19.12.2015).

Bozorgmehr, K./Schneider, C./Joos, S. (2015b). *Equity in access to health care among asylum seekers in Germany: evidence from an exploratory population-based crosssectional study.* BMC Health Services Research, (15), S. 1–12.

Bradby, H./Humphris, R./Newall, D./Phillimore, J. (2015). *Health Evidence Network synthesis report 44. Public health aspects of migrant health: a review of the evidence on health status for refugees and asylum seekers in the European Region.* WHO – Weltgesundheitsorganisation. http://www.euro.who.int/__data/assets/pdf_file/0004/289246/WHO-HEN-Report-A5-2-Refugees_FINAL.pdf?ua=1 (30.01.2018).

Brand, T./Kleer, D./Samkange-Zeeb, F./Zeeb, H. (2015). *Prävention bei Menschen mit Migrationshintergrund. Teilnahme, migrationssensible Strategien und Angebotscharakteristika.* Bundesgesundheitsblatt, 58 (6), S. 584–592.

Brause, M./Reutin, B./Schott, T./Aslan, Y. Y. (2010). *Migration und gesundheitliche Ungleichheit in der Rehabilitation. Versorgungsbedarf und subjektive Bedürfnisse türkischer und türkischstämmiger Migrant(inn)en im System der medizinischen Rehabilitation.* Abschlussbericht. Zentrum für Versorgungsforschung, Fakultät für Gesundheitswissenschaften, Universität Bielefeld. http://www.uni-bielefeld.de/gesundhw/zfv/ endbericht.pdf (30.01.2018).

Brodhun, B./Altmann, D./Hauer, B./Fiebig, L. et al. (Hrsg.) (2017). *Bericht zur Epidemiologie der Tuberkulose in Deutschland für 2016*. Robert Koch-Institut. https://www.rki.de/DE/Content/InfAZ/T/Tuberkulose/Download/TB2016.pdf?__blob=publicationFile (30.01.2018).

Brzoska, P./Razum, O. (2014). *Versorgungsprobleme und mögliche Lösungsstrategien bei Menschen mit Migrationshintergrund. Beispiel medizinische Rehabilitation*. Deutsche Medizinische Wochenschrift, (139), S. 1895–1897.

Bundesrat (Hrsg.) (2016a). *Der Ablauf des Verfahrens*. https://www.bundesrat.de/DE/aufgaben/gesetzgebung/verfahren/verfahren-node.html (29.06.2016).

Bundesrat (Hrsg.) (2016b). *Stimmenverteilung. Zusammensetzung des Bundesrates*. https://www.bundesrat.de/DE/bundesrat/verteilung/verteilung-node.html (30.01.2018).

Burmester, F. (2015). *Medizinische Versorgung der Leistungsberechtigten nach §§ 4 und 6 AsylbLG über eine Krankenkasse. Statutory health insurance companies and their role according medical care for asylum seekers in Hamburg*. Public Health Forum, 23 (2), S. 106–108.

BZÄK – Bundeszahnärztekammer (Hrsg.) (2016). *Piktogrammheft für die Zahnarztpraxis. Kommunikation ohne Worte*. Berlin. http://www.bzaek.de/fileadmin/PDFs/b/piktogrammheft.pdf (30.01.2018).

Caritasverband Mannheim e. V. (Hrsg.) (2016). *Zwischen Kulturen vermitteln*. http://www.caritas-mannheim.de/hilfe-und-beratung/fluechtlinge-und-migranten/kulturdolmetscher/kulturdolmetscher (30.01.2018).

Cheng, I.-H./Drillich, A./Schattner, P. (2015). *Refugee experiences of general practice in countries of resettlement: a literature review*. British Journal of General Practice, 65 (632), S. e171–e176.

CIA – Central Intelligence Agency (Hrsg.) (2017). *The World Factbook*. https://www.cia.gov/library/publications/the-world-factbook/geos/sy.html (30.01.2018).

David, M./Ilkilic, I. (2010). *Religiöser Glaube – Islam. Mögliche Konflikte im klinisch-gynäkologischen Alltag*. Der Gynäkologe, (43), S. 53–57.

Die Bundesregierung (Hrsg.) (2016a). *Schnellere Asylverfahren. Gewissheit in 48 Stunden*. https://www.bundesregierung.de/Content/DE/Artikel/2016/07/2016-07-07-reportage-ankunftszentrum.html (26.08.2016).

Die Bundesregierung (Hrsg.) (2016b). *EU-Türkei-Abkommen. Erste Syrien-Flüchtlinge legal eingereist*. 08.04.2016 https://www.bundesregierung.de/Content/DE/Artikel/2016/04/2016-04-04-neu-eu-tuerkei.html (30.01.2018).

Diel, R./Rüsch-Gerdes, S./Niemann, S. (2004). *Molecular Epidemiology of Tuberculosis among Immigrants in Hamburg, Germany.* Journal of Clinical Microbiology, 42 (7), S. 952–2960.

Dietrich, A. (2011). *Geschlechterrollen in unterschiedlichen Kulturkreisen.* In: Thamer, U./ Wüstenbecker, M. (Hrsg.): Gesundheit von Migranten. Frankfurt a. M.: Peter Lang, S. 101–108.

DMDI – Deutsches Institut für Medizinische Dokumentation und Information (Hrsg.) (2016). *Klassifikationen, Terminologien und Standards: ICD-10-GM.* http://www.dimdi.de/static/de/klassi/icd-10-gm/index.htm (30.01.2018).

Düvell, F. (2011). *Soziologische Aspekte: Zur Lage der Flüchtlinge.* In: Ottersbach, M./Prölß, C.-U. (Hrsg.): Flüchtlingsschutz als globale und lokale Herausforderung. Wiesbaden: Springer VS/Springer Fachmedien, S. 29–49.

Eichenhofer, E. (2013). *Gesundheitsleistungen für Flüchtlinge.* Abhandlung. ZAR, Zeitschrift für Ausländerrecht und Ausländerpolitik, 33 (5–6), S. 169–175. http://www.zar.nomos.de/fileadmin/zar/doc/Aufsatz_ZAR_13_5-6.pdf (30.01.2018).

EMN – European Migration Network (Hrsg.) (2014). *Asylum and Migration Glossary 3.0. a tool for better comparability produced by the European Migration Network.* EMN – European Migration Network. http://www.bamf.de/SharedDocs/Anlagen/DE/Publikationen/EMN/Glossary/emn-glossary.pdf?__blob=publicationFile (30.01.2018).

Erim, Y./Koch, E. (2011). *Muttersprachliche psychiatrische Behandlung. Psychiatric Therapy in the Native Language.* Psychiatrische Praxis, (38), S. 5–7.

Ethno-Medizinisches Zentrum e. V. (Hrsg.) (2009). *MiMi – Mit Migranten Für Migranten.* http://www.ethno-medizinisches-zentrum.de/index.php?option=com_content&view=article&id=28&Itemid=34 (30.01.2018).

EU – Europäische Union (Hrsg.) (2004). *RICHTLINIE 2004/83/EG DES RATES vom 29. April 2004 über Mindestnormen für die Anerkennung und den Status von Drittstaatsangehörigen oder Staatenlosen als Flüchtlinge oder als Personen, die anderweitig internationalen Schutz benötigen, und über den Inhalt des zu gewährenden Schutzes.* Amtsblatt der Europäischen Union. http://eur-lex.europa.eu/LexUriServ/LexUriServ.do?uri= ELEX:32004L0083:DE:HTML (19.01.2016).

Europäisches Parlament und der Rat (Hrsg.) (2013). *RICHTLINIE 2013/32/EU DES EUROPÄISCHEN PARLAMENTS UND DES RATES vom 26. Juni 2013 zu gemeinsamen Verfahren für die Zuerkennung und Aberkennung des internationalen Schutzes (Neufassung).* Amtsblatt der Europäischen Union. http://eur-lex.europa.eu/LexUriServ/LexUriServ.do?uri=OJ:L:2013:180:0060:0095:DE:PDF (20.01.2016).

Ferlinz, R. (1996). *Tuberkulindiagnostik*. Ärzteblatt, 93 (18), S. A1199–A1201. http://www.aerzteblatt.de/archiv/1388 (30.01.2018).

Geiger, I. K. (2014). *Diversity Management in Public Health*. In: Razum, O./Zeeb, H./Müller, O./Jahn, A. (Hrsg.): Global Health. Gesundheit und Gerechtigkeit. Bern: Hans Huber, S. 105–115.

Geiger, I. K./Razum, O. (2006). *Migration: Herausforderungen für die Gesundheitswissenschaften*. In: Hurrelmann, K. (Hrsg.): Handbuch Gesundheitswissenschaften. 4. vollst. überarb. Auflage, Weinheim: Juventa, S. 719–746.

Gerisch, P. (2014). *Zahl der Asylbewerber in Hessen steigt weiter an*. 23.06.2014, Hessisches Statistisches Landesamt, 147/2014. http://www.statistik-hessen.de/PresseWeb/pm_623.html (30.01.2018).

Gesundheit Berlin-Brandenburg e. V. (Hrsg.) (o. J.). *Praxisdatenbank*. Kooperationsverbund Gesundheitliche Chancengleichheit. http://www.gesundheitliche-chancengleichheit.de/praxisdatenbank/recherche (30.01.2018).

Geus, A. De (2016). *Fünf Schritte zu einer erfolgreichen Integration*. Change – Das Magazin der Bertelsmann Stiftung, (1), S. 14–17. https://www.bertelsmann-stiftung.de/fileadmin/files/BSt/Publikationen/Infomaterialien/IN_changeMagazin_01_2016.pdf (30.01.2018).

Gillen, G. (2016). *Warum? Woher? Wohin? Menschen auf der Flucht – ein erster Überblick*. In: Reschke, A. (Hrsg.): Und das ist erst der Anfang. Deutschland und die Flüchtlinge. Unter Mitarbeit von Mohamed Amjahid. Originalausgabe, 5. Auflage, Reinbek bei Hamburg: Rowohlt Polaris, S. 41–54.

Glasenapp, M. (2014). *Bürgerkrieg – Die Gesundheitssituation in Syrien*. medico international e. V. https://www.medico.de/die-gesundheitssituation-in-syrien-14770 (30.01.2018).

Greifeld, K. (1995). *Was ist „krank"? Wohlbefinden und Mißbefinden im interkulturellen Vergleich*. Dr. med. Mabuse, (96), S. 22–26.

Grey, E. (2016). *NASA Finds Drought in Eastern Mediterranean Worst of Past 900 Years*. 01.09.2016. NASA – National Aeronautics and Space Administration. http://www.nasa.gov/feature/goddard/2016/nasa-finds-drought-in-eastern-mediterranean-worst-of-past-900-years (30.01.2018).

Gross, G. (2016). *Traumata erschweren die Integration*. 02.03.2016. ÄrzteZeitung. Springer Medizin. http://www.aerztezeitung.de/politik_gesellschaft/gp_specials/fluechtlinge/article/906339/fluechtlinge-traumata-erschweren-integration.html?sh=11&h=-1010300562 (30.01.2018).

Gün, A. K. (2011). *Interkulturelle therapeutische Kompetenz bei der Behandlung von Migranten.* In: Thamer, U./Wüstenbecker, M. (Hrsg.): Gesundheit von Migranten. Frankfurt: Peter Lang, S. 17–35.

Haufe (Hrsg.) (2015). *Gesundheitskarte und Krankenversicherung für Flüchtlinge.* 24.09.2015, Haufe Online Redaktion. https://www.haufe.de/sozialwesen/sgb-recht-kommunal/gesundheitskarte-und-krankenversicherung-fuer-fluechtlinge_238_320900.html (30.01.2018).

Hauth, I. (2015). *„Wir brauchen eine gestufte Interventionskette".* Neurologie & Psychiatrie, 17 (9), S. 6–7.

Hessische Landesregierung (2009). *Verordnung über die Verteilung von Flüchtlingen, anderen ausländischen Personen, Spätaussiedlerinnen und Spätaussiedlern und über die Gebühren für die Unterbringung (Verteilungs- und Unterbringungsgebührenverordnung) vom 21. Dezember 2009.* Gesetzes- und Verordnungsblatt für das Land Hessen, Teil I, (24), S. 769–770. http://starweb.hessen.de/cache/GVBL/2009/00024.pdf (29.01.2016).

Hillienhof, A. (2017). *Syrien: Gesundheitsversorgung als Waffe.* Deutsches Ärzteblatt, 114 (15), S. A735. https://www.aerzteblatt.de/pdf.asp?id=187947 (30.01.2018).

HLT – Hessischer Landkreistag (Hrsg.) (2016). *Gesundheitskarte für Flüchtlinge.* Verbandsnachrichten des Hessischen Landkreistages, Landeskreistag Kompakt von Februar 2016. http://www.hlt.de/fileadmin/user_upload/Downloads/Landkreistag_Kompakt_HLT_01_16.pdf (30.01.2018).

HMAFG – Hessisches Ministerium für Arbeit, Familie und Gesundheit (2009). *Ärztliche Untersuchung von Asylbewerberinnen und Asylbewerbern und anderen Personen nach Einreise in Hessen.* Staatsanzeiger für das Land Hessen, (9), S. 544–545.

HMSI – Hessisches Ministerium für Soziales und Integration (Hrsg.) (2016a). *Gesundheitsbericht Hessen. GesundLeben – GesundBleiben.* http://sozialnetz.de/global/show_document.asp?id=aaaaaaaaaaajlvv (30.01.2018).

HMSI – Hessisches Ministerium für Soziales und Integration (Hrsg.) (2016b). *Medizinische Versorgung. Erstuntersuchungen und Impfungen in Hessen.* 28.01.2016, Pressemitteilung. https://soziales.hessen.de/presse/pressemitteilung/erstuntersuchungen-und-impfungen-hessen (30.01.2018).

HMSI – Hessisches Ministerium für Soziales und Integration (Hrsg.) (2016c). *Hilfe für Flüchtlinge. Modellprojekt Traumabehandlung.* 28.01.2016, Pressemitteilung. https://soziales.hessen.de/presse/pressemitteilung/modellprojekt-traumabehandlung (30.01.2018).

Hödl, S. (2016). *Jung, allein und traumatisiert. Kinder und Jugendliche auf der Flucht brauchen besonderen Schutz.* In: Reschke, A. (Hrsg.): Und das ist erst der Anfang. Deutschland und die Flüchtlinge. Unter Mitarbeit von Mohamed Amjahid. Originalausgabe, 5. Auflage, Reinbek bei Hamburg: Rowohlt Polaris, S. 154–160.

Hornung, R. (2014). *Prävention und Gesundheitsförderung bei Migranten.* In: Hurrelmann, K., Klotz, T.; Haisch, J. (Hrsg.): Lehrbuch Prävention und Gesundheitsförderung. 4. Auflage, Bern: Hans Huber, S. 367–374.

HSL – Hessisches Statistisches Landesamt (Hrsg.) (2017). *Empfänger/-innen von Regelleistungen und Ausgaben nach dem Asylbewerberleistungsgesetz in Hessen seit 1997.* https://statistik.hessen.de/sites/statistik.hessen.de/files/Empfaenger_Asyl_1997-2016.gif (30.01.2018).

HSL – Hessisches Statistisches Landesamt (Hrsg.) (2016). *Die Bevölkerung der hessischen Gemeinden am 30. Juni 2015.* https://statistik.hessen.de/sites/statistik.hessen.de/files/AI2_AII_AIII_AV_15-1hj.pdf (30.01.2018).

Icks, A./Rathmann, W. (2014). *Prävention von Diabetes.* In: Hurrelmann, K./Klotz, T./Haisch, J. (Hrsg.): Lehrbuch Prävention und Gesundheitsförderung. 4. Auflage, Bern: Hans Huber, S. 175–182.

Ilkilic, I. (2010). *Medizinethische Aspekte des interkulturellen Arzt-Patienten-Verhältnisses.* Migration und Gesundheit. Kulturelle Vielfalt als Herausforderung für die medizinische Versorgung; Vorträge der Jahrestagung des Deutschen Ethikrates 2010. Berlin: Deutscher Ethikrat, S. 29–40.

Ilkilic, I. (2007). *Medizinethische Aspekte im Umgang mit muslimischen Patienten.* Deutsche Medizinische Wochenschrift, (132), S. 1587–1590.

Ilkilic, I. (2006). *Begegnung und Umgang mit muslimischen Patienten. Eine Handreichung für die Gesundheitsberufe.* 6. Auflage, Bochum: Zentrum für Medizinische Ethik.

Jakab, Z. (2015). *Bevölkerungsströme sind eine Herausforderung für die Flüchtlinge und Migranten, aber auch für die Bevölkerung der Aufnahmeländer.* 02.09.2015, WHO. http://www.euro.who.int/de/health-topics/health-determinants/migration-and-health/news/news/2015/09/population-movement-is-a-challenge-for-refugees-and-migrants as well as for the receiving-population (30.01.2018)

Joshi, C./Russel, G./Cheng, I.-H./Kay, M. et al. (2013). *A narrative synthesis of the impact of primary health care delivery models for refugees in resettlement countries on access, quality and coordination.* International Journal for Equity in Health, 12 (88), Sydney. https://link.springer.com/content/pdf/10.1186%2F1475-9276-12-88.pdf (30.01.2018).

Juratli, N. (2010). *Prolaktinom und Hyperprolaktinämie in Vergleich zwischen Deutschland und Syrien.* Dissertation, Philipps-Universität Marburg. https://d-nb.info/100420633X/34 (30.01.2018).

KV Hessen – Kassenärztliche Vereinigung Hessen (Hrsg.) (2016). *Flüchtlinge. Versorgung von Flüchtlingen.* 09.11.2016. https://www.kvhessen.de/fuer-unsere-mitglieder/unternehmen-praxis/fluechtlinge/versorgung-von-fluechtlingen/ (30.01.2018).

KV Hessen – Kassenärztliche Vereinigung Hessen (Hrsg.) (2015). *Behandlung von Flüchtlingen – wichtige Fragen und Antworten.* https://www.kvhessen.de/fileadmin/Behandlung-von-Fluechtlingen_FAQ.pdf (30.01.2018).

KVWL – Kassenärztliche Vereinigung Westfalen-Lippe (Hrsg.) (2016). *Ärztliche Versorgung von Asylbewerbern. Medizinische Versorgung von Asylbewerbern in Landeseinrichtungen.* https://www.kvno.de/downloads/vertraege/fluechtlings_erstversorgung/merkblatt_asyl.pdf (30.01.2018).

KVWL – Kassenärztliche Vereinigung Westfalen-Lippe (Hrsg.) (2015). *Medizinische Versorgung von Flüchtlingen und Asylbewerbern.* 30.09.2015. http://www.kvwl.de/arzt/kv_dienste/info/berichte/dok/2015_09_30_asyl.htm (30.01.2018).

KZV Hessen – Kassenzahnärztliche Vereinigung Hessen (Hrsg.) (2015). *Hessische Heilberufskörperschaften unterstützen Mitglieder bei der Behandlung von Flüchtlingen: „Wir müssen und wollen helfen“.* Gemeinsame Pressemitteilung vom 21.10.2015. https://www.kzvh.de/wcm/idc/groups/public/documents/web/dmhv/mde4/~edisp/kzvho018445.pdf (30.01.2018).

KBV – Kassenärztliche Bundesvereinigung (Hrsg.) (2016). *Disease-Management-Programme.* http://www.kbv.de/html/dmp.php (30.01.2018).

Klotz, T. (2014). *Prävention von Krebserkrankungen.* In: Hurrelmann, K./Klotz, T./Haisch, J. (Hrsg.): Lehrbuch Prävention und Gesundheitsförderung. 4. Auflage, Bern: Hans Huber, S. 114–127.

Kneier, G. (2016). *Flüchtlinge in Hessen. Land schließt Asylunterkünfte.* 21.04.2016, Frankfurter Neue Presse. http://www.fnp.de/rhein-main/Land-schliesst-Asylunterkuenfte;art801,1971661 (30.01.2018).

Köchert, J./Ta, T./Wojtal, P. (2016). *Geschlechtsspezifische Prävention des Diabetes Typ-2. Chancen einer Individualisierten Medizin.* Wiesbaden: Springer VS.

Kofahl, C./Hollmann, J./Möller-Bock, B. (2009). *Gesundheitsbezogene Selbsthilfe bei Menschen mit Migrationshintergrund. Chancen, Barrieren, Potenziale.* Bundesgesundheitsblatt, 52 (1), S. 55–63.

Kruse, A. (2014). *Prävention und Gesundheitsförderung im hohen Alter.* In: Hurrelmann, K./Klotz, T./Haisch, J. (Hrsg.): Lehrbuch Prävention und Gesundheitsförderung. 4. Auflage, Bern: Hans Huber, S. 89–99.

Lammers, H. (2015). *Gesundheitsversorgung von Flüchtlingen – zur gesetzlich festgelegten Zweiklassenversorgung. Health care for refugees – about the statutory two-tier health system.* Public Health Forum, 23 (2), S. 93–94.

Land Hessen (Hrsg.) (2017). *Flüchtlingszugänge nach Hessen Dezember 2016–November 2017.* https://fluechtlinge.hessen.de/flucht-asyl/zahlen-fakten/fluechtlingszugaenge-nach-hessen (30.01.2018).

Land Hessen (Hrsg.) (2016a). *Flüchtlingszugänge nach Hessen 2008–2017.* https://fluechtlinge.hessen.de/flucht-asyl/zahlen-fakten/fluechtlingszugaenge-nach-hessen-2006-2015 (30.01.2018).

Land Hessen (Hrsg.) (2016b). *Flüchtlingszahlen in der HEAE.* https://fluechtlinge.hessen.de/sites/fluechtlinge.hessen.de/files/content-downloads/PPP_ %20HEAE_ 11.01.2016_Internet.pdf (26.01.2016).

Land Hessen (Hrsg.) (2016c). *Standortkonzept zur Flüchtlingsunterbringung weiter angepasst.* https://fluechtlinge.hessen.de/unterkuenfte/neues-standortkonzept-zur-fluechtlingsunterbringung (30.01.2018).

Land Hessen (Hrsg.) (2016d). *Neues Standortkonzept zur Flüchtlingsunterbringung in Hessen.* Pressemitteilung vom 20.04.2016. https://fluechtlinge.hessen.de/pressemitteilungen/neues-standortkonzept-zur-fluechtlingsunterbringung-hessen (30.01.2018).

Land Hessen (Hrsg.) (2015a). *Hessischer Aktionsplan zur Integration von Flüchtlingen und Bewahrung des gesellschaftlichen Zusammenhalts.* Pressemitteilung vom 17.11.2015. https://www.hessen.de/sites/default/files/media/staatskanzlei/aktionsplan-fluechtlinge_final_2015-12-16.pdf (30.01.2018).

Land Hessen (Hrsg.) (2015b). *Unterbringung von Flüchtlingen. 2. erweiterte Asylkonferenz in Hessen.* 15.01.2015, Pressemitteilung. https://soziales.hessen.de/pressearchiv/pressemitteilung/2-erweiterte-asylkonferenz-hessen-0 (30.01.2018).

Land Hessen (Hrsg.) (o. J.a). *Hessische Erstaufnahmeeinrichtung in Gießen (EAE).* https://fluechtlinge.hessen.de/unterkuenfte/hessische-erstaufnahmeeinrichtung-giessen-heae (30.01.2018).

Land Hessen (Hrsg.) (o. J.b). *Zahlen & Fakten.* https://fluechtlinge.hessen.de/flucht-asyl/zahlen-fakten (30.01.2018).

Land Nordrhein-Westfalen (2015). *Ministerin Steffens: Gesundheitskarte für Flüchtlinge in NRW perfekt.* 28.08.2015, Pressemitteilung. https://www.land.nrw/de/pressemitteilung/ministerin-steffens-gesundheitskarte-fuer-fluechtlinge-nrw-perfekt (30.01.2018).

Land Rheinland-Pfalz (Hrsg.) (2016). *Gesundheitspass für Flüchtlinge.* 07.03.2016. https://www.rlp.de/de/aktuelles/einzelansicht/news/detail/News/gesundheitspass-fuer-fluechtlinge/ (30.01.2018).

Land Schleswig-Holstein (Hrsg.) (2015). *Gesundheitsministerin Alheit: Gesundheitskarte für Flüchtlinge kommt – Entlastung für Flüchtlinge und Kommunen. Vereinbarung mit Krankenkassen unterzeichnet.* Ministerin für Soziales, Gesundheit, Wissenschaft und Gleichstellung. https://www.schleswig-holstein.de/DE/Landesregierung/VIII/Presse/PI/PDF/2015/151013_VIII_GesundheitskarteFluechtlinge.pdf?__blob=publicationFile&v=2 (30.01.2018).

LÄK Hessen – Landesärztekammer Hessen (Hrsg.) (o. J.). *Medizinische Versorgung von Flüchtlingen.* 24.09.2015, Pressemitteilung. https://www.laekh.de/presse/aktuelle-pressemitteilungen/2030-pm-2015-09-24-medizinische-versorgung-von-fluechtlingen (30.01.2018).

Landkreis Gießen (Hrsg.) (2015). *Richtlinie zur Unterbringung und Betreuung von Flüchtlingen im Landkreis Gießen.* https://www.lkgi.de/images/formulare_downloads/Gesundheit_Soziales_Integration/Zuwanderung_und_Einreise/Richtlinie_Unterbringung_Betreuung_Fluechtlinge_LK.pdf (30.01.2018).

Landkreis Gießen (Hrsg.) (o. J.). *Information zur ärztlichen Versorgung von Flüchtlingen und Asylbewerbern im Kreis Gießen.* https://www.lkgi.de/images/formulare_downloads/Gesundheit_Soziales_Integration/Fluechtlinge_Asylbewerber/Broschuere_aerztliche_Versorgung.pdf (30.01.2018).

Leopoldina – Nationale Akademie der Wissenschaften (Hrsg.) (2015). *Zur Gesundheitsversorgung von Asylsuchenden.* http://www.leopoldina.org/uploads/tx_leopublication/2015_Gesundheit_Asylsuchende_01.pdf (30.01.2018).

Lippold, D. (2015). *Marktorientierte Unternehmensplanung. Eine Einführung.* Wiesbaden: Springer Gabler.

Malteser International (2017). *Syrien.* https://www.malteser-international.org/index.php?id=160311&L=0A%3D (30.01.2018).

Marquardt, L./Krämer, A./Fischer, F./Prüfer-Krämer, L. (2016). *Health status and disease burden of unaccompanied asylum-seeking adolescents in Bielefeld, Germany: cross-sectional pilot study.* Tropical Medicine and International Health, 21 (2), S. 210–218.

Meffert, H./Bruhn, M./Hadwich, K. (2015). *Dienstleistungsmarketing. Grundlagen – Konzepte – Methoden.* 8. vollst. überarb. und erw. Auflage, Wiesbaden: Springer Gabler.

MSAGD – Ministerium für Soziales, Arbeit, Gesundheit und Demografie (Hrsg.) (o. J.). *Handlungsanleitung eGK für Flüchtlinge in Rheinland-Pfalz.* https://msagd.rlp.de/fileadmin/msagd/Gesundheit_und_Pflege/GP_Dokumente/Handlungsanleitung_eGK_fuer_Fluechtlinge.pdf (30.01.2018).

MHKBG – Ministerium für Heimat, Kommunales, Bau und Gleichstellung des Landes Nordrhein-Westfalen (Hrsg.) (2015a). *Elektronische Gesundheitskarte (eGK) für Flüchtlinge in NRW. Fragen und Antworten.* Pressemitteilung vom 28.08.2015. https://www.mhkbg.nrw/mediapool/pdf/presse/pressemitteilungen/FAQ-G_Karte_NRW.pdf (30.01.2018).

MHKBG – Ministerium für Heimat, Kommunales, Bau und Gleichstellung des Landes Nordrhein-Westfalen (Hrsg.) (2015b). *Gesundheit: Ministerin Steffens: Gesundheitskarte für Flüchtlinge in NRW perfekt.* 28.08.2015, Pressemitteilung. https://www.mhkbg.nrw/ministerium/presse/pressemitteilungsarchiv/pm2015/pm20150828b/index.php (30.01.2018).

MIFKJF – Ministerium für Integration, Familie, Kinder, Jugend und Frauen des Landes Rheinland-Pfalz (Hrsg.) (2016). *Fragen und Antworten zum Thema Flüchtlinge.* https://www.lpk-rlp.de/fileadmin/user_upload/FAQs_Fluechtlinge.pdf (30.01.2018).

Ministerium des Inneren und Bundesangelegenheiten des Landes Schleswig-Holstein (Hrsg.) (2015). *Einführung der elektronischen Gesundheitskarte.* Erlass vom 29.12.2015. http://www.schleswig-holstein.de/DE/Schwerpunkte/Informationen Fluechtlinge/Downloads/Erlass_Gesundheitskarte.pdf?__blob=publication File&v=1 (30.01.2018).

Mitteldeutsche Zeitung (2016). *Prognose für 2016. Weise rechnet mit halber Millionen Flüchtlinge.* 09.01.2016. http://www.mz-web.de/politik/prognose-fuer-2016-weise-rechnet-mit-halber-millionen-fluechtlinge-23439272 (30.01.2018).

Morina, K. (2017). *Sprach- und Integrationsmittler als Integrationassistenten von Fachkräften der Sozialen Arbeit – Ein Fall aus dem Alltag der Sprint.* SprInt gemeinnützige e. G. http://www.sprint-wuppertal.de/index.php/sprach-und-integrationsmittler (30.01.2018).

Münder, J./Armborst, C./Berlit, U. et al. (2008). *Sozialgesetzbuch XII. Sozialhilfe; Lehr- und Praxiskommentar.* 8. Auflage, Baden-Baden: Nomos.

n-tv Nachrichtenfernsehen GmbH (Hrsg.) (2016). *Bilanz für 2015: Fast 1,1 Millionen Flüchtlinge registriert, 04.01.2016.* http://www.n-tv.de/politik/Fast-1-1-Millionen-Fluechtlinge-registriert-article16687996.html (30.01.2018).

Paul, N. W. (2007). *Diagnose und Prognose.* In: Schulz, S./ Steigleder, K./Fangerau, H./Paul, N. W. (Hrsg.): Geschichte, Theorie und Ethik der Medizin. Eine Einführung. Originalausgabe – Nachdruck. Frankfurt a. M.: Suhrkamp, S. 143–152.

Razum, O./Bunte, A./Gilsdorf, A./Ziese, T. et al. (2016). *Gesundheitsversorgung von Geflüchteten. Zu gesicherten Daten kommen.* Deutsches Ärzteblatt, 113 (4). http://www.aerzteblatt.de/ archiv/173673 (30.01.2018).

Razum, O./Zeeb, H./Messmann, U./Schenk, L. et al. (2008). *Schwerpunktbericht der Gesundheitsberichterstattung des Bundes. Migration und Gesundheit.* Robert Koch-Institut, Statistisches Bundesamt. https://www.rki.de/DE/Content/Gesundheitsmonitoring/Gesundheitsberichterstattung/GBEDownloadsT/migration.pdf?__blob=publicationFile (30.01.2018).

Regierungspräsidium Darmstadt (Hrsg.) (2016). *Gesundheitsämter. Aufbau der Gesundheitsverwaltung in Hessen.* Land Hessen. https://rp-darmstadt.hessen.de/sicherheitarbeit/öffentlicher-gesundheitsdienst/aufbau-der-gesundheitsverwaltung-hessen (30.01.2018).

Regierungspräsidium Gießen (Hrsg.) (o. J.). *HEAE – Fachaufsicht über die hessische Erstaufnahme für Flüchtlinge.* https://rp-giessen.hessen.de/soziales/asylangelegenheiten/fachaufsicht-über-die-hessische-erstaufnahme-für-flüchtlinge (11.04.2016).

RIEMSER Pharma GmbH (Hrsg.) (o. J.). *Interferon-Gamma-Bluttest.* http://www.tuberkulose-ratgeber.de/diagnose/interferon-gamma-bluttest (30.01.2018).

RKI – Robert Koch-Institut (Hrsg.) (2015a). *Gesundheit in Deutschland.* Gesundheitsberichterstattung des Bundes: gemeinsam getragen von RKI und StBa. Unter Mitarbeit von Saß, A.-C./ Lampert, T./ Ziese T./ Kurth B.-M. Berlin: RKI (Beiträge zur Gesundheitsberichterstattung des Bundes).

RKI – Robert Koch-Institut (Hrsg.) (2015b). *Konzept zur Umsetzung frühzeitiger Impfungen bei Asylsuchenden nach Ankunft in Deutschland.* Robert Koch-Institut, Epidemiologisches Bulletin, (41). https://www.rki.de/DE/Content/Infekt/EpidBull/Archiv/2015/Ausgaben/41_15.pdf?__blob=publicationFile (30.01.2018).

RKI – Robert Koch-Institut (Hrsg.) (2013a). *Gesundheitsstudien des RKI.* http://www.rki.de/DE/Content/Gesundheitsmonitoring/Studien/Studien_node.html (30.01.2018).

RKI – Robert Koch-Institut (Hrsg.) (2013b). *Tuberkulose. RKI-Ratgeber für Ärzte.* https://www.rki.de/DE/Content/Infekt/EpidBull/Merkblaetter/Ratgeber_Tuberkulose.html (30.01.2018).

Sambo, L. G. (2011). *The African Health Monitor. Health Systems and Primary Health Care in the African Region.* WHO. April-Juni 2010, (12). http://ahm.afro.who.int/issue12/pdf/AHM%2012Complete.pdf (30.01.2018).

Scheen, T. (2014). *Eritrea. Das afrikanische Nordkorea.* 04.04.2014, Frankfurter Allgemeine Zeitung GmbH. http://www.faz.net/aktuell/politik/eritrea-das-afrikanische-nordkorea-12895245.html (30.01.2018).

Schenk, L. (2007). *Migration und Gesundheit – Entwicklung eines Erklärungs- und Analysemodells für epidemiologische Studien.* Public Health, (52), S. 87–96.

Schenk, L./Neuhauser, H. (2005). *Methodische Standards für eine migrantensensible Forschung in der Epidemiologie. Methodological standards for migrant-sensitive epide-miological research.* Bundesgesundheitsblatt, 48 (3), S. 279–286.

Schlingensiepen, I. (2016). *Hausärzteverband erwartet neue Flüchtlingsströme.* 09.05.2016, ÄrzteZeitung, Springer Medizin. http://www.aerztezeitung.de/politik_gesellschaft/gp_specials/fluechtlinge/article/910828/nordrhein-hausaerzteverband-erwartet-neue-fluechtlingsstroeme.html?cm_mmc=Newsletter-_-Newsletter-C-_-20160509-_-Flüchtlinge (30.01.2018).

Schmidt, S. (o. J.). *Mortalität.* Gabler Wirtschaftslexikon, Springer Gabler. http://wirtschaftslexikon.gabler.de/Archiv/439/mortalitaet-v8.html (30.01.2018).

Schmollack, S. (2016). *Nach der Angst ist vor der Angst. Frauen auf der Flucht sind Gefahren, Gewalt und Vergewaltigungen ausgesetzt.* In: Reschke, A. (Hrsg.): Und das ist erst der Anfang. Deutschland und die Flüchtlinge. Unter Mitarbeit von Mohamed Amjahid. Originalausgabe, 5. Auflage, Reinbek bei Hamburg: Rowohlt Polaris, S. 147–153.

Schnack, D./Kötter, J. (2016). *Flüchtlingsversorgung. Streitpunkt Gesundheitskarte.* 25.01.2016, ÄrzteZeitung, Springer Mezidin. http://www.aerztezeitung.de/politik_gesellschaft/gp_specials/fluechtlinge/article/903418/fluechtlingsversorgung-streitpunkt-gesundheitskarte.html (30.01.2018).

Schneider, C./Mohsenpour, A./Joos, S./Bozorgmehr, K. (2014). *Health status of and health-care provision to asylum seekers in Germany: protocol for a systematic review and evidence mapping of empirical studies.* Systematic Reviews Journal, 3 (139), S. 2–8. http://www.systematicreviewsjournal.com/content/3/1/139 (30.01.2018).

Schock, K./Böttche, M./Rosner, R./Wenk-Ansohn, M. (2016). *Impact of new traumatic or stressful life events on pre-existing PTSD in traumatized refugees: results of a longitudinal study.* European Journal of Psychotraumatology, (7), S. 1–11.

Schouler-Ocak, M. (2015). *Flüchtlinge: Hier besteht dringender Handlungsbedarf!* Der Neurologe & Psychiater, 16 (12), S. 3–4.

setzer verlag (Hrsg.) (o. J.). *Was ist tip doc?* http://www.setzer-verlag.com/epages/79584208.sf/de_DE/?ObjectPath=/Shops/79584208/Categories/Was_ist_t_305_p_doc (30.01.2018).

Spallek, J./Razum, O. (2008). *Erklärungsmodelle für die gesundheitliche Situation von Migrantinnen und Migranten.* In: Bauer, U./Bittlingmayer, U. H./Richter, M. (Hrsg.): Health Inequalities. Determinanten und Mechanismen gesundheitlicher Ungleichheit. Wiesbaden: Springer VS, S. 271–288.

Spura, A./Kleinke, M./Robra, B.-P./Ladebeck, N. (2017). *Wie erleben Asylsuchende den Zugang zu medizinischer Versorgung?* Bundesgesundheitsblatt, 60 (4), S. 462–470.

StBa – Statistisches Bundesamt (Hrsg.) (2017a). *Sozialleistungen. Leistungen an Asylbewerber.* Fachserie 13, Reihe 7, 2016. https://www.destatis.de/DE/Publikationen/Thematisch/Soziales/Asylbewerberleistungen/Asylbewerber2130700167004.pdf?__blob= publicationFile (01.11.2017).

StBa – Statistisches Bundesamt (Hrsg.) (2017b). *Bevölkerung: Deutschland, Stichtag. Fortschreibung des Bevölkerungsstandes.* https://www-genesis.destatis.de/genesis/online/data;jsessionid=8F7B5B1AC6AC129167330312E8514B27.tomcat_GO_1_1?operation=abruftabelleBearbeiten&levelindex=1&levelid=1509553879740&auswahloperation=abruftabelleAuspraegungAuswaehlen&auswahlverzeichnis=ordnungsstruktur&auswahlziel=werteabruf&selectionname=12411-0001&auswahltext=%23Z-31.12.2015%2C31.12.2014&werteabruf=Werteabruf (01.11.2017).

StBa– Statistisches Bundesamt (Hrsg.) (2017c). *Krankheitskosten: Deutschland, Jahre, Krankheitsdiagnosen.* https://www-genesis.destatis.de/genesis/online/data;jsessionid=1ACC885747F5817F7354EAD408146B20.tomcat_GO_1_2?operation=abruftabelleAbrufen&selectionname=23631-0001&levelindex=0&levelid=1509552327022& index=1 (01.11.2017).

StBa – Statistisches Bundesamt (Hrsg.) (2017d). *Gesundheitsausgaben im Jahr 2015 um 4,5 % gestiegen.* 21.02.2017, Pressemitteilung Nr. 061. https://www.destatis.de/DE/PresseService/Presse/Pressemitteilungen/2017/02/PD17_061_23611.html (28.10.2017).

StBa – Statistisches Bundesamt (Hrsg.) (2016a). *Bevölkerung: Deutschland, Stichtag.* https://www.destatis.de/genesis/online/data;jsessionid=A92A29E464CE20EE20A26E5D7083F612.tomcat_GO_1_1?operation=abruftabelleBearbeiten&levelindex=1&levelid=1456919441043&auswahloperation=abruftabelleAuspraegungAuswaehlen&auswahlverzeichnis=ordnungsstruktur&auswahlziel=werteabruf&selectionname=12411-0001&auswahtext=%23 Z-31.12.2008%2C 31.12.2006 %2C31.12.2004 %2C31.12.2002&werteabruf=Werteabruf (20.04.2016).

StBa – Statistisches Bundesamt (Hrsg.) (2016b). *Krankheitskosten: Deutschland, Jahre, Krankheitsdiagnosen (ICD-10), Geschlecht, Altersgruppen.* https://www.destatis.de/genesis/online/data;jsessionid=BBF9142677F870CA4F07CF2DD8FB60B8.tomcat_GO_1_3?operation=abruftabelleBearbeiten&levelindex=1&levelid=1456909687223&auswahloperation=abruftabelleAuspraegungAuswaehlen&auswahlverzeichnis=ordnungsstruktur&auswahlziel=werteabruf&selectionname=23631-0003&auswahltext= %23Z-01.01.2008 %2C01.01.2006 % 2C01.01.2004 %2C01.01.2002&werteabruf=Werteabruf (30.01.2018).

StBa - Statistisches Bundesamt (Hrsg.) (2016c). *Leistungen an Asylbewerber.* Fachserie 13, Reihe 7, 2015. https://www.destatis.de/DE/Publikationen/Thematisch/Soziales/Asylbewerberleistungen/Asylbewerber2130700157004.pdf?__blob=publicationFile (30.01.2018).

StBa – Statistisches Bundesamt (Hrsg.) (2015). *Zahl der Zuwanderer in Deutschland so hoch wie noch nie.* 03.08.2015, Pressemitteilung Nr. 277. https://www.destatis.de/DE/PresseService/Presse/Pressemitteilungen/2015/08/PD15_277_122.html (30.01.2018).

StBa – Statistisches Bundesamt (Hrsg.) (2014). *Bevölkerung und Erwerbstätigkeit – Bevölkerung mit Migrationshintergrund – Ergebnisse des Mikrozensus 2013.* Fachserie 1, Reihe 2.2. https://www.destatis.de/DE/Publikationen/Thematisch/Bevoelkerung/MigrationIntegration/Migrationshintergrund2010220137004.pdf?__ blob=publicationFile (30.01.2018).

StBa – Statistisches Bundesamt (Hrsg.) (2013). Zensus 2011 – Ausgewählte Ergebnisse. https://www.destatis.de/DE/PresseService/Presse/Pressekonferenzen/2013/Zensus2011/Pressebroschuere_zensus2011.pdf?__blob=publicationFile (30.01.2018).

StMAS Bayern – Bayerisches Staatsministerium für Arbeit und Soziales, Familie und Integration (2015). *Sozialministerin Müller: „Mehr als eine Million neue Asylbewerber in 2015 - Begrenzung der Zuwanderung nötig".* 30.12.2015, Pressemitteilung 399.15. Zukunftsministerium. http://www.zukunftsministerium.bayern.de//presse/pm1512-399.php (30.01.2018).

SWR Fernsehen (2016). *Gesundheitskarte für Flüchtlinge in RP. Kommunen beklagen hohe Kosten, 02.05.2016.* http://www.swr.de/landesschau-aktuell/rp/gesundheitskarte-fuer-fluechtlinge-rp/-/id=1682/did=17369380/nid=1682/1j2ysz7/index.html (30.01.2018).

Tiarks-Jungk, P. (2011). *Von der „Afrikasprechstunde" zu den „Internationalen Humanitären Sprechstunden": ein Frankfurter Modellprojekt.* In: Thamer, U./Wüstenbecker, M. (Hrsg.): Gesundheit von Migranten. Frankfurt a. M.: Peter Lang, S. 51–58.

UNDP – United Nations Development Programme (Hrsg.) (2016). *Human Development Report 2016. Human Development for Everyone.* New York. http://hdr.undp.org/sites/default/files/2016_human_development_report.pdf (30.01.2018).

UNHCR – United Nations High Commissioner for Refugees (Hrsg.) (2017a). *Global Trends – Forced Displacement in 2016.* http://www.unhcr.org/5943e8a34.pdf (30.01.2018).

UNHCR – United Nations High Commissioner for Refugees (Hrsg.) (2017b). *Syria Regional Refugee Response. Inter-agency Information Sharing Portal.* http://data.unhcr.org/syrianrefugees/regional.php (18.12.2017).

UNHCR – United Nations High Commissioner for Refugees (Hrsg.) (2016). *Global Trends – Forced Displacement in 2015.* http://www.unhcr.org/576408cd7.pdf (30.01.2018).

UNHCR – United Nations High Commissioner for Refugees (Hrsg.) (2015a). *2015 likely to break records for forced displacement – study.* http://www.unhcr.org/5672c2576.html (30.01.2018).

UNHCR – United Nations High Commissioner for Refugees (Hrsg.) (2015b). *Mid-Year Trends report 2015.* https://s3.amazonaws.com/unhcrsharedmedia/2015/2015-midyear-trends-report/2015-12-18_MYT_web.pdf (30.01.2018).

UNHCR – United Nations High Commissioner for Refugees (Hrsg.) (2014a). *Global Trends – Forced Displacement in 2014. World at War.* http://www.unhcr.org/556725e69.pdf (30.01.2018).

UNHCR – United Nations High Commissioner for Refugees (Hrsg.) (2014b). *Global Trends 2013. War's Human Cost.* http://www.unhcr.org/5399a14f9.pdf (30.01.2018).

UNHCR – United Nations High Commissioner for Refugees (Hrsg.) (2004). *Statistical yearbook 2004 – Trends in displacement, protection and solutions.* http://www.unhcr.org/44eb19682.html (30.01.2018).

UNHCR – United Nations High Commissioner for Refugees (Hrsg.) (o. J.). *Die Genfer Flüchtlingskonvention.* http://www.unhcr.de/mandat/genfer-fluechtlingskonvention.html (30.01.2018).

Verbraucherzentrale Bundesverband (Hrsg.) (2015). *Medizinische Versorgung von Asylbewerbern.* https://www.verbraucherzentrale.de/medizinische-versorgung-von-asylbewerbern (30.01.2018).

Wächter-Raquet, M. (2016). *Einführung der Gesundheitskarte für Asylsuchende und Flüchtlinge. Der Umsetzungsstand im Überblick der Bundesländer.* Bertelsmann-Stiftung. https://www.bertelsmann-stiftung.de/fileadmin/files/BSt/Publikationen/GrauePublikationen/Studie_VV_Gesundheitskarte_Fluechtlinge_2016.pdf (30.01.2018).

WHO – Weltgesundheitsorganisation (Hrsg.) (2016a). *Country statistics.* http://www.who.int/gho/countries/en/ (07.03.2016).

WHO – Weltgesundheitsorganisation (Hrsg.) (2016b). *Humanitarian Health Action. Afghanistan.* http://www.who.int/hac/donorinfo/afg/en/index1.html (07.03.2016).

WHO – Weltgesundheitsorganisation (Hrsg.) (2016c). *Mobile medical clinics connect patients to health care in camps in Iraq.* http://www.emro.who.int/irq/iraq-news/mobile-medical-clinics-connect-patients-to-health-care-in-camps-in-iraq.html (22.03.2016).

WHO – Weltgesundheitsorganisation (Hrsg.) (2016d). *Mortality.* http://www.who.int/topics/mortality/en/ (07.03.2016).

WHO – Weltgesundheitsorganisation (Hrsg.) (2015a). *Afghanistan: WHO statistical profile.* http://www.who.int/gho/countries/afg.pdf?ua=1 (07.03.2016).

WHO – Weltgesundheitsorganisation (Hrsg.) (2015b). *Donor Update 2015 (Q3) World Health Organization Syrian Arab Republic.* http://www.who.int/hac/crises/syr/appeals/syria_dono_update_2015_q3.pdf?ua=1 (22.03.2016).

WHO – Weltgesundheitsorganisation (Hrsg.) (2015c). *Eritrea: WHO statistical profile.* http://www.who.int/gho/countries/eri.pdf?ua=1 (04.01.2016).

WHO – Weltgesundheitsorganisation (Hrsg.) (2015d). *Germany: WHO statistical profile.* http://www.who.int/gho/countries/deu.pdf (02.03.2016).

WHO – Weltgesundheitsorganisation (Hrsg.) (2015e). *Irak: WHO statistical profile.* http://www.who.int/gho/countries/irq.pdf?ua=1 (04.01.2016).

WHO – Weltgesundheitsorganisation (Hrsg.) (2015f). *Situation Report Number 31 20 OCTOER – 15 NOVEMBER 2015. Iraq crisis.* http://www.emro.who.int/images/stories/iraq/WHO_Iraq_Situation_Report_Issue__32.pdf?ua=1&ua=1 (22.03.2016).

WHO – Weltgesundheitsorganisation (Hrsg.) (2015g). *Syrien: WHO statistical profile.* http://www.who.int/gho/countries/syr.pdf?ua=1 (04.01.2016).

Yaron, G. (2016). *Dürre in Nahost. Warum eine noch viel größere Flüchtlingswelle droht, 14.03.2016.* WeltN24 GmbH. http://www.welt.de/debatte/kommentare/article153242322/Warum-eine-noch-viel-groessere-Fluechtlingswelle-droht.html (30.01.2018).

Abbildungsverzeichnis

Tabellenverzeichnis

Rechtsquellenverzeichnis

Gesetzestexte

AufenthG	Aufenthaltsgesetz in der Fassung der Bekanntmachung vom 25. Februar 2008 (BGBl. I S. 162), das zuletzt durch Artikel 2 des Gesetzes vom 17. Februar 2016 (BGBl. I S. 203) geändert worden ist
AsylG	Asylgesetz in der Fassung der Bekanntmachung vom 2. September 2008 (BGBl. I S. 1798), das zuletzt durch Artikel 2 des Gesetzes vom 11. März 2016 (BGBl. I S. 394) geändert worden ist
AsylbLG	Asylbewerberleistungsgesetz in der Fassung der Bekanntmachung vom 5. August 1997 (BGBl. I S. 2022), das durch Artikel 2 des Gesetzes vom 20. Oktober 2015 (BGBl. I S. 1722) geändert worden ist
EMRK	Europäische Menschenrechtskonvention (Konvention zum Schutze der Menschenrechte und Grundfreiheiten) vom 04.11.1950, zuletzt geändert durch Protokoll Nr. 14 vom 13.5.2004 m.W.v. 1.6.2010
GG	Grundgesetz für die Bundesrepublik Deutschland in der im Bundesgesetzblatt Teil III, Gliederungsnummer 100-1, veröffentlichten bereinigten Fassung, das zuletzt durch Artikel 1 des Gesetzes vom 13. Juli 2017 (BGBl. I S. 2347) geändert worden ist
IFSG	Infektionsschutzgesetz vom 20. Juli 2000 (BGBl. I S. 1045), das durch Artikel 7 des Gesetzes vom 10. Dezember 2015 (BGBl. I S. 2615) geändert worden ist
SGB V	Das Fünfte Buch Sozialgesetzbuch – Gesetzliche Krankenversicherung – (Artikel 1 des Gesetzes vom 20. Dezember 1988, BGBl. I S. 2477, 2482), das zuletzt durch Artikel 12 des Gesetzes vom 2. Februar 2016 (BGBl. I S. 130) geändert worden ist
SGB XII	Das Zwölfte Buch Sozialgesetzbuch – Sozialhilfe – (Artikel 1 des Gesetzes vom 27. Dezember 2003, BGBl. I S. 3022, 3023), das zuletzt durch Artikel 1 des Gesetzes vom 21. Dezember 2015 (BGBl. I S. 2557) geändert worden ist

Beschlüsse

LSG BW	Landessozialgericht Baden-Württemberg, Beschluss vom 11.01.2007, Az.: L 7 AY 6025/06 PKH-B
LSG Th.	Landessozialgericht Thüringen, Beschluss vom 22.08.2005, Az.: L 8 AY 383/05 ER
OVG Lüneburg	Oberverwaltungsgericht, Beschluss vom 06.07.2004, Az.: 12 ME 209/04
VG Potsdam	Verwaltungsgericht Potsdam, Beschluss vom 21.06.2004, Az: 12 K 2435/02.A

Sachwortverzeichnis

H

I

K

Über die Autorin

Marlen Peseke (geb. 1978) begann ihre berufliche Karriere bei einer Krankenkasse. Nach der Ausbildung zur Sozialversicherungsfachangestellten arbeitete sie überwiegend im Leistungsbereich verschiedener Krankenkassen. Nach der Fortbildung zur Krankenkassenbetriebswirtin leitete sie darüber hinaus eigenverantwortlich die Widerspruchsstelle einer Betriebskrankenkasse. Im Oktober 2008 wechselte sie zum Hessischen Ministerium für Soziales und Integration. Von 2011 bis 2014 studierte Frau Peseke an der APOLLON Hochschule für Gesundheitswirtschaft zunächst den Bachelor Gesundheitsökonomie und anschließend darauf aufbauend den Master in Gesundheitsökonomie, den sie 2016 absolvierte. Mit ihrer Master-Thesis setzte sich Frau Peseke mit einem sehr aktuellen und für das Gesundheitswesen bedeutsamen Thema auseinander. Mithilfe ihres Tutors Herrn Prof. Kümmel und der Unterstützung durch die APOLLON University Press wurde ihr die Publikation der Arbeit ermöglicht.